交通运输职业系列丛书

HANDBOOK OF TRANSPORTATION OCCUPATIONS
交通运输职业手册

交通运输部职业资格中心 主编

人民交通出版社股份有限公司
China Communications Press Co.,Ltd.

内 容 提 要

本书根据2015版《中华人民共和国职业分类大典》，从职业定义、职业工作内容、主要职业工具、主要职业技术、主要职业法律法规、主要职业标准规范、国家职业标准、职业环境、国家职业资格、基本文化程度等10个维度解析公路、水路交通运输职业，从高校本科目录、高职高专目录、中专中职目录、技工院校目录等4个维度梳理公路、水路交通运输职业与教育专业对应关系，是第一本专门介绍公路、水路交通运输职业的工具书。

本书可作为学生填报交通运输专业志愿、社会人员选择交通运输职业从业、交通运输从业人员规划职业生涯发展的参考用书。

图书在版编目(CIP)数据

交通运输职业手册 / 交通运输部职业资格中心主编. —北京：人民交通出版社股份有限公司，2016.10

ISBN 978-7-114-13352-7

Ⅰ.①交… Ⅱ.①交… Ⅲ.①交通运输业—手册 Ⅳ.①F5-62

中国版本图书馆CIP数据核字(2016)第229330号

交通运输职业系列丛书

书　　名：**交通运输职业手册**
著 作 者：交通运输部职业资格中心
责任编辑：张　鑫　李学会
出版发行：人民交通出版社股份有限公司
地　　址：(100011)北京市朝阳区安定门外外馆斜街3号
网　　址：http://www.ccpress.com.cn
销售电话：(010)59757973
总 经 销：人民交通出版社股份有限公司发行部
经　　销：各地新华书店
印　　刷：北京虎彩文化传播有限公司
开　　本：880×1230　1/16
印　　张：10.25
字　　数：295千
版　　次：2016年10月　第1版
印　　次：2019年3月　第2次印刷
书　　号：ISBN 978-7-114-13352-7
定　　价：45.00元

交通运输职业系列丛书
编审委员会

本书编审委员会

前　言

职业是为了实现社会分工,为劳动者创造社会财富,从而获取主要生活来源而划分的工作类别。一个行业的职业分类及其职业发展状况,反映了这个行业的发展水平尤其是这个行业应用科学技术的水平。随着经济社会的发展,人们生活方式、习惯的改变,人们的职业观念随之发生着深刻的变化,特别是科学技术的进步,一些传统的职业逐步消亡,新的职业不断涌现。无论是一个企业的生产组织,还是一个行业的管理方式,都要遵循这个行业的职业发展规律。无论是企业的人力资源开发,还是一个行业的职业教育、从业人员管理,都要遵从职业发展的内在要求。对一个行业的职业进行科学分类,并对这些职业进行深入研究,客观地介绍这些职业,不仅有利于从业人员进一步学习掌握有关职业知识,强化职业意识,提高职业能力和职业道德水平,而且有利于全社会认识这些职业,选择适合自身特点和兴趣的职业。

本书根据2015版《中华人民共和国职业分类大典》,从职业定义、职业工作内容、主要职业工具、主要职业技术、主要职业法律法规、主要职业标准规范、国家职业标准、职业环境、国家职业资格、基本文化程度等10个维度解析公路、水路交通运输职业,从高校本科目录、高职高专目录、中专中职目录、技工院校目录等4个维度梳理公路、水路交通运输职业与教育专业对应关系,是第一本专门介绍公路、水路交通运输职业的工具书,希望对高中毕业学生填报交通运输专业志愿、社会人员选择交通运输职业、交通运输从业人员规划职业生涯发展有所补益。

交通运输部职业资格中心
2016年9月

目　　录

第一部分　交通运输职业分类体系

第二部分　交通运输职业信息

第一部分　交通运输职业分类体系

交通运输职业分类体系表

职业名称	工种名称
01　交通运输专业技术人员	
01-01　道路和水上运输工程技术人员	
01-01-01　汽车运用工程技术人员	
01-01-02　道路交通工程技术人员	
01-01-03　船舶运用工程技术人员	
01-01-04　水上交通工程技术人员	
01-01-05　水上救助打捞工程技术人员	
01-01-06　船舶检验工程技术人员	
01-01-07　无线电航标操作与维护工程技术人员	
01-01-08　视觉航标工程技术人员	
01-01-09　物流工程技术人员	
01-02　公路和水运建设工程技术人员	
01-02-01　道路与桥梁工程技术人员	
01-02-02　公路工程造价工程技术人员	
01-02-03　港口与航道工程技术人员	
01-02-04　水运工程造价工程技术人员	
01-02-05　公路水运工程试验检测工程技术人员	
01-03　船舶指挥和引航人员	
01-03-01　甲板部技术人员	
01-03-02　轮机部技术人员	
01-03-03　船舶引航员	
02　交通运输服务人员	
02-01　城市轨道交通运输服务人员	
02-01-01　城市轨道交通列车驾驶员	
02-01-02　城市轨道交通调度员	
02-01-03　城市轨道交通服务员	城市轨道交通站务员
	城市轨道交通行车值班员

续上表

职业名称	工种名称
02-02　道路运输服务人员	
02-02-01　道路客运汽车驾驶员	大中型客车驾驶员
	公交车驾驶员
	出租汽车驾驶员
02-02-02　道路货运汽车驾驶员	货运汽车驾驶员
	低速载货汽车驾驶员
	超重型汽车列车驾驶员
	超重型汽车列车挂车工
02-02-03　道路客运服务员	道路客运站务员
	道路客运行包员
	道路客运乘务员
02-02-04　道路货运业务员	道路货运站务员
	货运业务信息员
02-02-05　道路运输调度员	道路客运调度员
	道路货运站场调度员
02-02-06　道路危险货物运输员	
02-02-07　公路收费及监控员	路况监控与信息采集发布员
	车辆通行费收费员
02-02-08　机动车驾驶教练员	
02-02-09　汽车租赁业务员	
02-02-10　汽车维修工	汽车检测工
	汽车机械维修工
	汽车电器维修工
	汽车玻璃维修工
	汽车美容装潢工
	汽车车身整形修复工
	汽车车身涂装修复工
02-02-11　摩托车修理工	
02-03　水上运输服务人员	

续上表

职业名称	工种名称
02-03-01　客运船舶驾驶员	
02-03-02　船舶业务员	船舶客运员
	船舶货运员
02-03-03　港口客运员	港口客服员
	港口行李员
02-03-04　水路危险货物运输员	
02-03-05　水上救生员	
02-03-06　航标工	无线电航标操作工
	视觉航标工
02-04　交通运输综合服务人员	
02-04-01　装卸搬运工	
02-04-02　客运售票员	道路客运售票员
	港口售票员
02-04-03　运输代理服务员	道路客运代理服务员
	货运代办业务员
02-04-04　理货员	汽车货运理货员
	船舶理货员
	港口理货员
02-04-05　物流服务师	
03　交通运输建设施工及操作人员	
03-01　城市轨道交通建设施工人员	
03-01-01　城市轨道交通通信工	
03-01-02　城市轨道交通信号工	
03-02　公路和水运建设施工人员	
03-02-01　筑路工	摊铺机操作工
	管涵顶进工
	盾构机操作工
	公路重油沥青操作工
	路基路面工
	压路机操作工

续上表

职 业 名 称	工 种 名 称
03-02-01 筑路工	平地机操作工
	公路交通安全设施工
	稳定土拌和设备操作工
03-02-02 公路养护工	道路巡视养护工
	桥梁巡视养护工
	隧道巡视养护工
03-02-03 桥隧工	桥梁工
	隧道工
03-02-04 水运工程施工工	水上打桩工
	水上抛填工
	疏浚管线工
	航道养护工
03-03 通用工程机械操作人员	
03-03-01 起重装卸机械操作工	履带吊司机
	塔吊司机
	汽车吊司机
	桥式吊车司机
	散料卸车机司机
	堆取料机司机
	流体装卸操作工
	翻车机工
	船舶吊车司机
	叉车司机
	堆垛车操作工
	电动港机装卸机械司机
	内燃港机装卸机械司机
03-03-02 起重工	
03-03-03 输送机操作工	
03-04 运输设备操作及有关人员	

续上表

职 业 名 称	工 种 名 称
03-04-01　船舶甲板设备操作工	船舶水手
	船舶木匠
	气垫船驾驶员
	趸船水手
03-04-02　船舶机舱设备操作工	船舶机工
	船舶加油工
	船舶轮机员
	船舶电子技工
03-04-03　船闸及升船机运管员	船闸及升船机运行员
	船舶过闸及升船机调度员
	船闸及升船机水工员
03-04-04　潜水员	空气潜水员
	混合气潜水员
	饱和潜水员

第二部分　交通运输职业信息

01　交通运输专业技术人员

01-01　道路和水上运输工程技术人员

01-01-01　汽车运用工程技术人员

职业信息

职业编码	01-01-01
职业名称	汽车运用工程技术人员
其他名称	汽车维修工程师
职业定义	从事汽车安全经济运行、技术性能检测、技术维护、修理与改装等工作的工程技术人员
职业工作内容	1. 分析汽车在运行条件下性能变化的规律,指导汽车的正确使用; 2. 制定或修订汽车运用、维修技术管理制度及汽车运行消耗、汽车维修经济技术定额; 3. 编制并管理车辆技术档案和车辆维修档案; 4. 制定并优化汽车维修工艺; 5. 组织实施汽车运用、维修技术管理; 6. 制定或修订汽车运用、维修技术标准和规范; 7. 推广应用汽车节油、节胎驾驶技术,开展绿色汽车维修技术,组织实施汽车维修节能减排综合改造; 8. 指导汽车驾驶员、维修人员操作; 9. 对汽车运行、维修事故进行技术分析与鉴定
主要职业工具	万用表 外径千分尺 内径千分尺 游标卡尺 量缸表 内径百分表 底盘测功机 汽缸压力表 燃油压力表 液压油压力表 真空表 空调检漏设备 轮胎气压表 扭力扳手

续上表

主要职业工具	尾气分析仪 烟度计 汽车前照灯检测设备 侧滑试验台 制动性能检验设备 废油收集设备 齿轮油加注设备 液压油加注设备 制动液更换加注器 脂类加注器 轮胎轮辋拆装设备 轮胎螺母拆装机 车轮动平衡机 四轮定位仪 制动鼓和制动盘维修设备 汽车空调冷媒回收净化加注设备 总成吊装设备或变速器等总成顶举设备 汽车举升设备 汽车故障电脑诊断仪 冷媒鉴别仪 蓄电池检查、充电设备 无损探伤设备 车身清洗设备 打磨抛光设备 除尘除垢设备 车身整形设备 车身校正设备 车架校正设备 悬架试验台 喷烤漆房及设备
主要职业技术	汽车故障诊断软件 汽车综合性能检测软件
主要职业 法律法规	1.《道路运输条例》 2.《道路货物运输及站场管理规定》 3.《道路旅客运输及客运站管理规定》 4.《机动车维修管理规定》 5.《大气污染防治法》 6.《合同法》 7.《消费者权益保护法》

续上表

<table>
<tr><td>主要职业
法律法规</td><td colspan="2">8.《产品质量法》
9.《标准化法》
10.《计量法》
11.《行政许可法》
12.《劳动保护法》
13.《安全生产法》
14.《道路交通安全法》
15.《道路交通安全法实施条例》</td></tr>
<tr><td>主要职业
标准规范</td><td colspan="2">1.《汽车维修业开业条件》(GB/T 16739)
2.《汽车维修行业计算机管理信息系统技术规范》(JT/T 640)
3.《汽车检测站计算机控制系统技术规范》(JT/T 478)
4.《汽车综合性能检测站能力的通用要求》(GB/T 17993)
5.《汽车维护、检测、诊断技术规范》(GB/T 18344)
6.《汽车发动机电子控制系统修理技术要求》(GB/T 19910)
7.《汽车制动传动装置修理技术条件》(GB/T 18275)
8.《汽车大修竣工出厂技术条件》(GB/T 3798)
9.《商用汽车发动机大修竣工出厂技术条件》(GB/T 3799)
10.《大客车车身修理技术条件》(GB/T 5336)
11.《液化石油气汽车维护技术规范》(GB/T 27877)
12.《压缩天然气汽车维护技术规范》(GB/T 27876)
13.《营运车辆综合性能要求和检验方法》(GB 18565)
14.《机动车运行安全技术条件》(GB 7258)
15.《点燃式发动机汽车排放污染物限值和测量方法(双怠速法及简易工况法)》(GB 18285)
16.《车用压燃式发动机和压燃式发动机汽车排气烟度排放限值及测量方法》(GB 3847)
17.《道路运输车辆技术等级划分和技术评定要求》(JT/T 198)</td></tr>
<tr><td>国家职业标准</td><td colspan="2">有</td></tr>
<tr><td>职业环境</td><td colspan="2">室内外,常温</td></tr>
<tr><td>国家职业资格</td><td colspan="2">机动车检测维修专业技术人员职业资格</td></tr>
<tr><td>基本文化程度</td><td colspan="2">中专</td></tr>
<tr><td>职业对应教育
专业目录</td><td>高校本科目录</td><td>080212T　汽车维修工程教育
080201　机械工程
080202　机械设计制造及其自动化
080207　车辆工程
080208　汽车服务工程</td></tr>
</table>

续上表

<table>
<tr><td rowspan="2">职业对应教育专业目录</td><td>高专高职目录</td><td>520116　新能源汽车技术
580401　汽车制造与装配技术
580402　汽车检测与维修技术
580403　汽车电子技术
580404　汽车改装技术
580405　汽车技术服务与营销
580406　汽车整形技术
580407　汽车运用与维修
580408　摩托车制造与维修
580409　汽车营销与维修
580410　农业机械应用技术
580411　汽车服务与管理
580412　二手车鉴定与评估
580414　汽车定损与评估
580416　汽车造型技术
580418　汽摩零部件制造
580419　新能源汽车维修技术
580420　汽车试验技术
590230　汽车智能技术</td></tr>
<tr><td>中专中职目录</td><td>041800　工程机械运用与维修
082500　汽车运用与维修
082600　汽车车身修复
082700　汽车美容与装潢
082800　汽车整车与配件营销</td></tr>
<tr><td>其他编码</td><td colspan="2">《国家职业分类大典》:2-02-15-01</td></tr>
</table>

职业资格信息

职业资格名称	机动车检测维修专业技术人员职业资格
职业资格类型	水平评价类
对应职业	机动车检测维修专业技术人员
等级设置	维修士、工程师、高级工程师
报名时间	每年6月
考试时间	每年10~11月
网上报名	http://www.jtzyzg.org.cn
继续教育	暂无

01-01-02　道路交通工程技术人员

职业信息

职业编码	01-01-02
职业名称	道路交通工程技术人员
其他名称	无
职业定义	从事道路交通政策研究、规划设计、管理控制、安全评估的工程技术人员
职业工作内容	1. 进行道路交通政策研究； 2. 编制道路交通规划； 3. 制订道路交通控制方案，绘制管控设计图； 4. 进行道路交通组织优化设计； 5. 进行道路交通安全分析与评估； 6. 编制道路交通设施的运营及养护标准和规范并组织实施； 7. 进行城市轨道交通规划、设计并指导运营
主要职业工具	计算机 汽车
主要职业技术	道路交通设计软件 道路交通规划 道路交通组织优化设计 道路交通安全分析与评估
主要职业法律法规	1.《合同法》 2.《招标投标法》 3.《公路法》 4.《政府采购法》 5.《土地管理法》
主要职业标准规范	1.《道路交通标志和标线》(GB 5768) 2.《城市道路交通规划设计规范》(GB 50220) 3.《城市工程管线综合规划规范》(GB 50289) 4.《城市道路工程设计规范》(CJJ 37) 5.《市政工程勘察规范》(CJJ 56) 6.《城市人行天桥与人行地道技术规范》(CJJ 69) 7.《城市道路绿化规划与设计规范》(CJJ 75) 8.《城市桥梁设计》(CJJ 11) 9.《无障碍设计规范》(GB 50763) 10.《厂矿道路设计规范》(GBJ 22) 11. 市政公用工程设计文件编制深度规定(建质〔2013〕57 号) 12.《城市道路路线设计规范》(CJJ 193) 13.《城市道路交叉口设计规程》(CJJ 152)

续上表

国家职业标准	无	
职业环境	室内、久坐;户外	
国家职业资格	勘察设计注册土木工程师(道路工程)资格	
基本文化程度	中专	
职业对应教育专业目录	高校本科目录	081001　交通运输 081802　交通工程 083103TK　交通管理工程
	高专高职目录	520101　公路运输与管理 520105　交通安全与智能控制 520106　城市交通运输
	中专中职目录	082900　公路运输管理
其他编码	《国家职业分类大典》:2-02-15-08	

职业资格信息

职业资格名称	勘察设计注册土木工程师(道路工程)资格
职业资格类型	行政许可类
对应职业	道路交通工程技术人员
等级设置	暂无
报名时间	每年 6 月
考试时间	每年 9 月
网上报名	http://zg.cpta.com.cn/examfront
继续教育	暂无

01-01-03　船舶运用工程技术人员

职业信息

职业编码	01-01-03
职业名称	船舶运用工程技术人员
其他名称	无
职业定义	从事船舶、海上设施及其设备的运行技术工艺研究、检测,指导维护、修理的工程技术人员
职业工作内容	1. 研究、应用船舶和海上设施的运行、检测与维修技术工艺,并指导有关人员进行操作; 2. 编制船舶主、辅机及其系统、锅炉及受压容器、电气设备及其他装置运行的技术标准和规范; 3. 组织检测、维修船体及设备、主辅机及其系统、电气设备、锅炉及受压容器等; 4. 研究、设计船舶运输系统的经济运行技术方案和组织实施方案

续上表

主要职业工具	探伤设备 距离测试仪 对讲机 手旗 安全绳 氧气瓶 便携计算机 维修设备
主要职业技术	船舶结构 船舶建模仿真 船舶动力 船舶航行 船舶作业 无线电通信 工程设计与管理 轮机工程 维护和修理 电气控制工程 电子控制工程
主要职业法律法规	1.《劳动法》 2.《海上交通安全法》 3.《合同法》 4.《国际海上人命安全公约》(SOLAS) 5.《国际防止船舶造成污染公约》(MARPOL) 6.《国际海事劳工公约》(MLC) 7.《国际安全管理规则》(ISM) 8.《国际船舶和港口设施保安规则》(ISPS) 9.《国内海船航行建造规范》 10.《散装运输液化气体船舶构造与设备规范》 11.《船舶能效管理认证规范》
主要职业标准规范	1. CB 船舶行业标准 2.《船舶稳性报告书》(CB*/Z 302) 3.《船体结构钢质护舷材》(CB/T 3277) 4.《船舶工业标准制订程序》(CB 1020) 5.《船舶生产企业生产条件基本要求及评价方法》(GB/T 3000)
国家职业标准	有
职业环境	室内外、久坐、振动、噪声、高空、高温、高压、辐射、有毒

续上表

职业所含工种	无	
国家职业资格	船舶运用工程技术人员	
基本文化程度	大专	
职业对应教育专业目录	高校本科目录	081804K　轮机工程
	高专高职目录	520405　轮机工程技术
其他编码	《国家职业分类大典》:2-02-15-02	

职业资格信息

职业资格名称	船舶运用工程技术人员
职业资格类型	水平评价
对应职业	水上交通工程技术人员
等级设置	初级、中级、高级
报名时间	暂无
考试时间	暂无
网上报名	暂无
继续教育	暂无

01-01-04　水上交通工程技术人员

职业信息

职业编码	01-01-04
职业名称	水上交通工程技术人员
其他名称	无
职业定义	从事水上安全监督、污染防治、航海保障和水上通信的工程技术人员
职业工作内容	1. 进行船舶安全监督管理; 2. 防治船舶污染,进行危险货物水上运输安全监督管理; 3. 监督管理通航环境和秩序,发布航行通告或警告; 4. 进行水上交通安全事故、污染事故的调查、处理和统计分析; 5. 进行船员、引水员的培训、考核和评估; 6. 编制船舶交通工程和导航工程规划并组织实施; 7. 监测、管理船岸通信(VHF)/船舶交通服务(VTS)、自动识别系统(AIS)、全球卫星定位系统(GPS)、海事数字电话监控系统(CCTV)等

续上表

主要职业工具	巡逻艇 无人机 测试设备 卫星定位设备 船岸通信设备 海事通信设备 无线电导航设备 海水取样设备 电子海图系统 计算机 对讲机 望远镜
主要职业技术	通导设备技术 惯导系统仿真 船舶自动识别系统(AIS) 智能交通系统 数据库系统 电子海图系统 物联网系统 风险、环境和通航评估 航海技术 通信工程 水运工程设计 水运工程管理 海事安全管理
主要职业法律法规	1.《海上交通安全法》 2.《海商法》 3.《海洋环境保护法》 4.《安全生产法》 5.《合同法》 6.《国际海上人命安全公约》(SOLAS) 7.《国际避碰规则》(COLREG) 8.《国际防止船舶造成污染公约》(MARPOL) 9.《海员培训、发证和值班标准国际公约》(STCW) 10.《国际安全管理规则》(ISM) 11.《国际无线电规则》 12.《航道管理费用条例》 13.《差分全球导航卫星系统(DGNSS)技术要求》 14.《船载自动识别系统(AIS)技术要求》

续上表

主要职业标准规范	1.《交通标准制定、修订程序和要求》(JT/T 18) 2.《交通信息基础数据元》(JT/T 697.10) 3.《船舶卫星定位应用系统技术要求　第2部分:船载终端》(JT/T 732.2) 4.《港口码头溢油应急设备配备要求》(JT/T 451) 5.《船舶油污染事故等级》(JT/T 2011)	
国家职业标准	无	
职业环境	室内外、船舶、海上、风浪、噪声、封闭、潮湿、振动、高气压、能见度低、辐射	
职业所含工种	无	
国家职业资格	水上交通工程技术人员	
基本文化程度	大专	
职业对应教育专业目录	高校本科目录	081803K　航海技术
	高专高职目录	520121　交通运输安全管理技术
	中专中职目录	081500　船舶通信与导航
其他编码	《国家职业分类大典》:2-02-15-03	

职业资格信息

职业资格名称	暂无
职业资格类型	水平评价
对应职业	无线电航标操作与维护工程技术人员
等级设置	暂无
报名时间	暂无
考试时间	暂无
网上报名	暂无
继续教育	暂无

01-01-05　水上救助打捞工程技术人员

职业信息

职业编码	01-01-05
职业名称	水上救助打捞工程技术人员
其他名称	无
职业定义	从事水上遇险、遇难船舶、飞行器的生命财产救助打捞及水域环境救助技术设计和装备研制、维护、修理的工程技术人员

续上表

职业工作内容	1. 搜寻、救助水上遇险遇难船舶、飞行器及其人员; 2. 组织水上生命、环境、财产专业救助打捞; 3. 打捞、清除沉船沉物; 4. 研究、设计、应用、维护、修理潜水、救捞装备; 5. 研究潜水生理,监督潜水作业,提供潜水员生命支持; 6. 进行水上溢油、污染物清除等水域环境保护; 7. 执行水上生命、财产和环境救助及突发事件应急救援; 8. 承担水上救助值班待命和专业技能训练任务; 9. 管理水上救援打捞资源,为水上救助抢险提供指挥决策; 10. 编制水上救助打捞操作规范、程序和方案、预案
主要职业工具	救助船艇 专业救助打捞装备 船岸通信设备 打捞浮吊船 拖轮 潜水作业支持母船 水下开孔机 攻泥器 钢丝、卸扣等索具 便携计算机 对讲机 测距仪 工程潜水专用装备 水下液压操作工具 水下气动操作工具 水下浮力操作工具 水下无损检测设备 诊疗设备 潜水减压表、减压病加压治疗表 计时器、定时钟 便携式气体分析仪 潜水减压舱 空气压缩机 氧气瓶 飞机地面液压车 飞机地面电源车 飞机牵引车 工作梯 飞机维修通用工具 飞机维修专用工具 通信测试设备 计算机

续上表

主要职业技术	船舶驾驶 船舶轮机管理 水上消防 船舶自动识别系统（AIS） 救助指挥决策系统 救助远程控制系统 办公管理软件 直升机航线维修 直升机定期检修 直升机修理及改装
主要职业法律法规	1.《海上交通安全法》 2.《海商法》 3.《海洋环境保护法》 4.《安全生产法》 5.《合同法》 6.《突发事件应对法》 7.《打捞沉船管理办法》 8.《内河交通安全管理条例》 9.《防治船舶污染海洋环境管理条例》 10.《水污染防治法实施细则》 11.《执业医师法》 12.《招标投标法》 13.《民用航空法》 14.《安全生产法》 15.《民用航空器适航管理条例》 16.《民用航空器维修人员执照管理规则》（CCAR-61-R1） 17.《一般运行和飞行规则》（CCAR-91） 18.《小型航空器商业运输运营人运行合格审定规则》（CCAR-135） 19.《维修和改装一般规则》（CCAR-43） 20.《民用航空器维修单位合格审定规定》（CCAR-145-R3） 21.《民用航空器维修培训机构合格审定规定》（CCAR-147）
主要职业标准规范	1.《船员健康检查要求》（GB 30035） 2.《海上救助船舶设备配置技术要求》（GB/T 29113） 3.《海上救助船舶设备配置技术要求》（GB/T 29113） 4.《浮筒打捞沉船技术要求》（JT/T 39） 5.《拖轮操作规程》（JT/T 300） 6.《潜水员潜水后飞行要求》（JT 909） 7.《空气潜水安全要求》（GB 26123） 8.《混合气潜水安全要求》（GB 28396） 9.《气升式吸泥器》（JT/T 211） 10.《民用航空器维修 管理规范》（MHT 3010）

续上表

国家职业标准	无	
职业环境	室内、户外、船舶、海上、风浪、噪声、封闭、潮湿、振动、高气压、久坐、辐射	
职业所含工种	无	
国家职业资格	3000kW 及以上远洋海船船员适任证书	
基本文化程度	中专	
职业对应教育专业目录	高校本科目录	081803K　航海技术 081804K　轮机工程 081807T　救助与打捞工程 100101K　基础医学 100201K　临床医学 081901　船舶与海洋工程 080601　电气工程及其自动化
	高专高职目录	520401　航海技术 520405　轮机工程技术 520414　海上救捞技术 600302　救援技术 650211　灾害救援与管理
	中专中职目录	081100　船舶驾驶 081200　轮机管理 081300　船舶水手与机工 100300　农村医学 101300　中医 051100　机械制造技术 051200　机械加工技术 051300　机电技术应用
	技工院校目录	0416-4　船舶驾驶 0417-4　船舶轮机
其他编码	《国家职业分类大典》:2-02-15-04	

职业资格信息

职业资格名称	水上救助打捞工程技术人员
职业资格类型	水平评价
对应职业	水上救生员
等级设置	暂无
报名时间	暂无
考试时间	暂无

续上表

网上报名	暂无
继续教育	暂无

01-01-06　船舶检验工程技术人员

职业信息

职业编码	01-01-06
职业名称	船舶检验工程技术人员
其他名称	验船师
职业定义	从事船舶、海上设施及其设备的规范、技术工艺的研究、编制和发布、规范和法规要求的验证、检验和检测,指导制造、安装、调试、维护、修理以及功能确认的工程技术人员
职业工作内容	1. 研究船舶和海上设施的设计、配置、制造、检测与维修的规范和技术工艺,解释并指导操作; 2. 编制、发布船舶和海上设施及配备的相应设备的技术标准和规范; 3. 验证船舶及海上设施的设计、建造、维护的规范和法规要求的符合性; 4. 研究船舶运输系统经济运行标准、技术方案,并组织方案实施; 5. 研究船舶和海上设施新颖性能、设计标准、技术方案,并组织方案实施; 6. 研究和验证船舶和海上设施规范和法规要求的等效替代措施,并组织实施
主要职业工具	高精度转速表 红外测温仪 超声波测厚仪 轴承功率测量仪 机械故障听诊仪 超声波探伤仪(有数字式,也有示波式) 硬度计 塞尺(用于测量间隙,常用于尾轴、螺旋桨轴等于轴套的间隙) 万用表 绝缘电阻测试仪 风速、温度、湿度、照度四合一测量仪 综合气象仪 测振仪 气体探测仪 密度计(用来测量水的密度,计算或验证船舶质量) 防水防爆手电筒 专用检查锤 直尺、钢卷尺 焊角规 专用 mark 笔

续上表

主要职业工具	照相机 防爆照相机(油、化船使用) 工作服(油、化船需防静电) 工作鞋(带铁包头,油、化船需防油、化和静电) 耳塞 护目镜(防焊接射线、飞溅) 口罩或空气过滤装置 安全帽和安全带 信息传输和通信装置
主要职业技术	船舶与海上设施及船用产品检验 船舶审图、建造、营运和产品相关检验 综合分析、判断、解决和协调具体检验技术
主要职业 法律法规	1.《安全生产法》 2.《海上交通安全法》 3.《内河交通安全管理条例》 4.《船舶和海上设施检验条例》 5.《防止船舶污染海域管理条例》 6.《船舶检验管理规定》(交通运输部令 2016 年第 2 号) 7.《船舶安全检查规则》(交通运输部令 2009 年第 15 号) 8.《船舶检验机构执业道德准则》(海船检〔2006〕307 号) 9.《国际海上人命安全公约》 10.《73/78 防污公约》 11.《1969 年国际船舶吨位丈量公约》 12.《经 1988 年议定书修订的 1966 年国际载重线公约》 13.《1972 年国际海上避碰规则》 14.《ILO 船员舱室设备公约》 15.《海上移动式钻井平台构造和设备规则》(MODU CODE)
主要职业 标准规范	1.《钢质海船入级规范》 2.《散装运输危险液体化学品船舶构造与设备规范》 3.《散装运输液化气体船舶构造与设备规范》 4.《海上高速船入级与建造规范》 5.《绿色船舶规范》 6.《液化天然气燃料加注船舶规范》 7.《游艇入级与建造规范》 8.《浮船坞入级规范》 9.《沿海小船入级与建造规范》 10.《国内航行海船建造规范》 11.《国内航行海船入级规则》 12.《内河绿色船舶规范》 13.《内河散装运输液化气体船舶构造与设备规范》

续上表

主要职业标准规范	14.《内河散装运输危险化学品船舶构造与设备规范》 15.《内河高速船入级与建造规范》 16.《钢质内河船舶建造规范》 17.《内河船舶入级规则》 18.《液化天然气燃料水上加注趸船入级与建造规范》 19.《潜水系统与潜水器建造与入级规范》 20.《材料与焊接规范》 21.《船舶与海上设施起重设备规范》 22.《海上浮式装置入级规范》 23.《海上移动平台入级规范》 24.《海上油气处理系统规范》 25.《潜水系统与潜水器建造与入级规范》 26.《海上单点系泊装置入级规范》 27.《浅海固定平台建造与检验规范》 28.《海上固定平台入级与建造规范》 29.《海底管道系统规范》(SY/T 10037) 30.《船舶能效管理认证规范》 31.《天然气燃料动力船舶规范》 32.《纤维增强塑料船建造规范》 33.《集装箱检验规范》 34.《海上风力发电机组认证规范》 35.《无损检测人员资格鉴定与认证规范》 36.《船舶保安体系认证规范》 37.《船舶安全管理体系认证规范》 38.《智能船舶规范》 39.《液化天然气燃料加注船舶规范》
国家职业标准	暂无
职业环境	室外、户外、噪声、有毒、高温、辐射、高空
职业所含工种	暂无
国家职业资格	注册验船师
基本文化程度	中专

续上表

职业对应教育专业目录	高校本科目录	070202　应用物理学 080101　工程力学 080201　机械工程 080202　机械设计制造及其自动化 080204　机械电子工程 080401　材料科学与工程 080402　材料物理 080405　金属材料工程 080601　电气工程及其自动化 080703　通信工程 081803K　航海技术 081804K　轮机工程 081901　船舶与海洋工程
	高专高职目录	520401　航海技术 520405　轮机工程技术 520406　船舶工程技术 520407　船舶检验 520409　船机制造与维修 520411　船舶舾装 520412　船舶电气工程技术 520413　船舶电子电气技术 520416　海洋工程技术
	中专中职目录	050300　工程材料检测技术 051900　船舶制造与修理 052000　船舶机械装置安装与维修 051600　机电设备安装与维修
	技工院校目录	无
其他编码	《国家职业分类大典》:2-02-15-05	

职业资格信息

职业资格名称	注册验船师职业资格
职业资格类型	行政许可类
对应职业	船舶检验工程技术人员
等级设置	A 级、B 级、C 级、D 级
报名时间	每年
考试时间	每年 11 月
网上报名	http://msa.gov.cn
继续教育	暂无

01-01-07　无线电航标操作与维护工程技术人员

职业信息

职业编码	01-01-07
职业名称	无线电航标操作与维护工程技术人员
其他名称	无线电航标操作与维护技术人员
职业定义	从事无线电航标设备、设施和系统操作、监测、维护、保养和检修的工程技术人员
职业工作内容	1. 操作、设置、调整无线电指向标/差分全球导航卫星系统、雷达信标、岸基自动识别系统、遥测遥控终端、供电系统； 2. 监测无线电指向标/差分全球导航卫星系统、雷达信标、岸基自动识别系统、遥测遥控终端、供电系统的运行状态； 3. 维护和保养无线电指向标/差分全球导航卫星系统、雷达信标、岸基自动识别系统、遥测遥控终端、供电系统、防雷系统、接地系统； 4. 检修无线电指向标/差分全球导航卫星系统、雷达信标、岸基自动识别系统、遥测遥控终端、供电系统、防雷系统、接地系统； 5. 指挥单控和双控河段上的船舶通行； 6. 组接无线电话机、电信号灯的电源线、天地线、闪光器及更换熔线管； 7. 解决复杂情况下船舶通行指挥的技术难题，进行意外情况下的应变处理； 8. 填写与船舶无线电导航及通行指挥有关的值班日志
主要职业工具	导测试仪 测厚仪 万用表 游标卡尺 海图 秒表 扳手 钳子 螺丝刀
主要职业技术	无线电航标管理 无线电航标建设 海图作业 无线电航标设备维护保养
主要职业法律法规	1.《合同法》 2.《海上交通安全法》 3.《航标条例》 4.《航道管理条例》 5.《海区航标设置管理办法》 6.《沿海航标管理办法》

续上表

主要职业 法律法规	7.《中国海区水上助航标志》 8.《中国海区可航行水域桥梁助航标志》 9.《内河助航标志》 10.《航标术语》 11.《差分全球导航卫星系统(DGNSS)技术要求》 12.《船载自动识别系统(AIS)技术要求》
主要职业 标准规范	1.《沿海航标维护质量管理体系导则》(JT/T 729) 2.《航标灯通用技术条件》(JT/T 761) 3.《航标灯光强测量和灯光射程计算》(JT/T 730) 4.《雷达指向标》(JT/T 74) 5.《沿海无线电指向标—差分全球定位系统播发标准》(JT 377) 6.《海区航标效能验收规范》(JT/T 759)
国家职业标准	有
职业环境	室内、室外、风浪、高温、能见度低、潮流
职业所含工种	无
国家职业资格	无
基本文化程度	中专
职业对应教育专业目录	高校本科目录：081803K　航海技术 高专高职目录：520401　航海技术 中专中职目录：081500　船舶通信与导航
其他编码	《国家职业分类大典》:2-02-15-06

职业资格信息

职业资格名称	无线电航标操作与维护工程技术人员
职业资格类型	水平评价
对应职业	视觉航标工程技术人员
等级设置	暂无
报名时间	暂无
考试时间	暂无
网上报名	暂无
继续教育	暂无

01-01-08　视觉航标工程技术人员

职业信息

职业编码	01-01-08
职业名称	视觉航标工程技术人员
其他名称	无
职业定义	从事视觉航标设备、设施及电源、能源、防雷系统等附属装备、设施的布设、安装、检修、维护和保养的工程技术人员
职业工作内容	1. 布设、安装、调试视觉航标设备、设施及配套和附属装备； 2. 拆除或更换视觉航标设备、设施及配套和附属装备； 3. 检测、维护视觉航标设备、设施及配套和附属装备； 4. 编报视觉航标设备、设施维修计划，并进行施工作业； 5. 分析、判断和排除视觉航标设备故障； 6. 解决复杂情况下视觉航标技术难题，进行意外情况下的应变处理； 7. 研究制订视觉航标技术更新计划和实施方案
主要职业工具	万用表 电导测试仪 游标卡尺 最新海图秒表 测厚仪 螺丝刀 钳子 扳手
主要职业技术	视觉航标管理 视觉航标建设 海图作业 视觉航标设备维护保养
主要职业法律法规	1.《合同法》 2.《海上交通安全法》 3.《航标条例》 4.《航道管理条例》 5.《海区航标设置管理办法》 6.《沿海航标管理办法》 7.《中国海区水上助航标志》 8.《中国海区可航行水域桥梁助航标志》 9.《内河助航标志》 10.《航标术语》 11.《航标灯光信号颜色》 12.《中国海区视觉航标表面色规定》

续上表

主要职业标准规范	1.《沿海航标维护质量管理体系导则》(JT/T 729) 2.《航标灯通用技术条件》(JT/T 761) 3.《航标灯光强测量和灯光射程计算》(JT/T 730) 4.《灯塔主体及附属设施设置要求》(JT/T 321) 5.《海区航标维护　固定建(构)筑物》(JT/T 731) 6.《海区航标效能验收规范》(JT/T 759)	
国家职业标准	无	
职业环境	室内外、风浪、高温、能见度低、潮流	
职业所含工种	无	
国家职业资格	视觉航标工程技术人员	
基本文化程度	中专	
职业对应教育专业目录	高校本科目录	081803K　航海技术
	高专高职目录	520401　航海技术
	中专中职目录	081500　船舶通信与导航
其他编码	《国家职业分类大典》:2-02-15-07	

职业资格信息

职业资格名称	视觉航标工程技术人员
职业资格类型	水平评价
对应职业	无线电航标操作与维护工程技术人员
等级设置	初级、中级、高级
报名时间	暂无
考试时间	暂无
网上报名	暂无
继续教育	暂无

01-01-09　物流工程技术人员

职业信息

职业编码	01-01-09
职业名称	物流工程技术人员
其他名称	无
职业定义	从事物流系统、项目、装备与技术研发、设计、应用、集成并组织实施的工程技术人员

续上表

职业工作内容	1. 规划、设计、运筹物流系统和物流中心； 2. 组织、管理、实施物流工程项目； 3. 研究、应用物流装备和技术； 4. 设计、实施企业物流流程改造与重组； 5. 开发、应用物流自动化、集成化和智能化信息系统
主要职业工具	计算机 移动电话 工程物流、仓库管理等系统管理软件
主要职业技术	供应链管理 仓储规划与技术 物流自动化 物流系统规划与设计 交通运输网络规划 物流中心设计与运作 物流系统建模与仿真 运输与配送管理
主要职业法律法规	1.《招标投标法》 2.《合同法》 3.《对外贸易法》 4.《海运条例及实施细则》 5.《海商法》 6.《铁路法》 7.《海关法》 8.《涉外经济合同法》 9.《中外合资经营企业法》 10.《外资企业法》 11.《公司法(第二次修正)》 12.《电子签名法》 13.《中国海事仲裁委员会仲裁规则》 14.《铁路和水路货物联运规则》 15.《统一提单若干法律规定的国际公约》 16.《铁路货物运输规程》 17.《铁路货物运价规则》 18.《国际铁路货物联运口岸工作管理办法》 19.《海关对国际铁路联运进出境列车和所载货物、物品的监管办法》 20.《国际铁路联运清算办法》 21.《铁路国际联运货物保价运输办法》 22.《国际铁路公务电报细则》 23.《铁路集装箱运输管理规则》 24.《铁路集装箱运输规则》

续上表

主要职业法律法规	25.《集装箱运输一口价实施办法》 26.《场站国际集装箱管理办法》 27.《国内集装箱汽车运输收费规则》 28.《集装箱汽车运输规则》 29.《海上国际集装箱运输管理规定(修正)》 30.《铁路货物集装化运输组织管理办法》 31.《进出境集装箱检验检疫管理办法》 32.《国际集装箱班轮运输运价报备制度实施办法》 33.《国内水路集装箱港口收费办法》 34.《关于禁止运输和装卸超重集装箱的通知》 35.《关于公布我国港口国际过境集装箱中转包干费的通知》 36.《关于亚欧大陆桥国际集装箱过境运输管理试行办法》 37.《关于印发关于促进国际集装箱内支线运输发展的若干意见的通知》 38.《对用于运输海关加封货物的国际集装箱核发批准牌照的管理办法》 39.《铁路货物运输合同实施细则》 40.《铁路超限货物运输规则》 41.《铁路货物保价运输办法》 42.《国家铁路和地方铁路间货物运输规则》 43.《铁路货物保价运输管理办法》 44.《铁路货物运输管理规则》 45.《铁路货物运输杂费管理办法》 46.《铁路货物装卸作业计费办法》 47.《铁路货物装载加固规则》 48.《铁路货运事故处理规则》 49.《铁路零担货物运输包装管理办法》 50.《铁路零担货物运输组织规则》 51.《危险货物运送规则》 52.《航空法》 53.《中国民用航空货物国际运输规则》
主要职业标准规范	1.《物流术语》(GB/T 18354) 2.《服务标准化工作指南》(GB/T 15624) 3.《企业物流成本构成与计算》(GB/T 20523) 4.《第三方物流服务质量要求》(GB/T 24359) 5.《交通运输物流信息交换　第1部分:数据元》(JT/T 919.1) 6.《交通运输物流信息交换　第2部分:道路运输电子单证》(JT/T 919.2) 7.《交通运输物流信息交换　第3部分:物流站场(园区)电子单证》(JT/T 919.3) 8.《物流企业冷链服务要求与能力评估指标》(GB/T 31086) 9.《物流园区分类与基本要求》(GB/T 21334) 10.《物流园区统计指标体系》(GB/T 30337) 11.《物流园区服务规范及评估指标》(GB/T 30334) 12.《物流中心分类与基本要求》(GB/T 24358)

<table>
<tr><td>主要职业
标准规范</td><td colspan="2">13.《物流中心作业通用规范》(GB/T 22126)
14.《物流管理信息系统应用开发指南》(GB/T 23830)
15.《物流信息分类与代码》(GB/T 23831)
16.《物流公共信息平台应用开发指南　第1部分:基础术语》(GB/T 22263.1)
17.《物流公共信息平台应用开发指南　第2部分:体系架构》(GB/T 22263.2)
18.《物流公共信息平台应用开发指南　第7部分:平台服务管理》(GB/T 22263.7)
19.《物流公共信息平台应用开发指南　第8部分:软件开发管理》(GB/T 22263.8)
20.《物流服务合同准则》(GB/T 30333)
21.《国际物流责任保险　国际货运代理提单责任险基本要素》(GB/T 28834)
22.《国际物流责任保险　国际货运代理人责任险基本要素》(GB/T 28835)
23.《国际物流企业信用评价指标要素》(GB/T 28836)
24.《国际物流责任保险投保、索赔规则》(GB/T 28833)</td></tr>
<tr><td>国家职业标准</td><td colspan="2">无</td></tr>
<tr><td>职业环境</td><td colspan="2">室内,现场监督指导时需要户外</td></tr>
<tr><td>职业所含工种</td><td colspan="2">无</td></tr>
<tr><td>国家职业资格</td><td colspan="2">有</td></tr>
<tr><td>基本文化程度</td><td colspan="2">大专</td></tr>
<tr><td rowspan="4">职业对应教育
专业目录</td><td>高校本科目录</td><td>120601　物流管理
120602　物流工程</td></tr>
<tr><td>高专高职目录</td><td>520525　航空物流
520608　港口物流管理
580313　物流工程技术
590126　物流信息技术
620505　物流管理
620515　国际工程物流管理
620536　冷链物流技术与管理</td></tr>
<tr><td>中专中职目录</td><td>121900　物流服务与管理</td></tr>
<tr><td>技工院校目录</td><td>0415　现代物流</td></tr>
<tr><td>其他编码</td><td colspan="2">《国家职业分类大典》:2-02-30-02</td></tr>
</table>

职业资格信息

职业资格名称	中远物流师
职业资格类型	水平评价
对应职业	物流工程技术人员

续上表

等级设置	初级、中级、高级
报名时间	暂无
考试时间	暂无
网上报名	暂无
继续教育	暂无

01-02　公路和水运建设工程技术人员

01-02-01　道路与桥梁工程技术人员

职业信息

职业编码	01-02-01
职业名称	道路与桥梁工程技术人员
其他名称	道路建设工程技术人员、桥梁建设工程技术人员
职业定义	从事道路、桥梁与隧道地下工程的规划、勘测、设计,并指导施工、养护的工程技术人员
职业工作内容	1. 规划、勘测道路线路位置; 2. 规划、勘测、设计道路、桥梁、隧道、涵洞并指导施工; 3. 研究、设计道路沿线的生态环境、古迹、景观保护方案; 4. 制定道路、桥梁、隧道、涵洞的施工规范和安全操作规程; 5. 制订施工方案并核算施工成本; 6. 检测、评定道路、桥梁、隧道、涵洞的交通安全性能; 7. 制订道路、桥梁、隧道、涵洞及附属设施的养护计划并指导管理、维修
主要职业工具	计算机 汽车
主要职业技术	道路桥梁工程设计软件 道路路线设计 路基工程设计 路面工程设计 桥梁工程设计 隧道工程设计 交叉工程设计 交通工程及沿线设施设计 道路工程施工组织及概预算

续上表

主要职业法律法规	1.《合同法》 2.《招标投标法》 3.《公路法》 4.《政府采购法》 5.《土地管理法》
主要职业标准规范	1.《公路工程技术标准》(JTG B01) 2.《公路路线设计规范》(JTG D20) 3.《公路工程抗震规范》(JTG B02) 4.《公路路基设计规范》(JTG D30) 5.《公路路基施工技术规范》(JTG F10) 6.《公路排水设计规范》(JTG/T D33) 7.《公路自然区划标准》(JTJ 003) 8.《公路水泥混凝土路面设计规范》(JTG D40) 9.《公路沥青路面设计规范》(JTG D50) 10.《公路沥青路面施工技术规范》(JTG F40) 11.《公路路面基层施工技术细则》(JTG/T F20) 12.《公路工程沥青及沥青混合料试验规程》(JTG E20) 13.《公路工程质量检验评定标准　第一册　土建工程》(JTG F80/1) 14.《公路土工试验规程》(JTG E40) 15.《公路工程岩石试验规程》(JTG E41) 16.《公路桥涵设计通用规范》(JTG D60) 17.《公路圬工桥涵设计规范》(JTG D61) 18.《公路钢筋混凝土及预应力混凝土桥涵设计规范》(JTG D62) 19.《公路工程水文勘测设计规范》(JTG C30) 20.《公路桥涵地基与基础设计规范》(JTG D63) 21.《公路隧道设计规范》(JTG D70) 22.《公路立体交叉设计细则》(JTG/T D21) 23.《公路工程基本建设项目概算预算编制办法》(JTG B06) 24.《公路工程地质勘察规范》(JTG C20) 25.《公路勘测规范》(JTG C10) 26.《城市工程管线综合规划规范》(GB 50289) 27.《城市道路工程设计规范》(CJJ 37) 28.《市政工程勘察规范》(CJJ 56) 29.《城市人行天桥与人行地道技术规范》(CJJ 69) 30.《城市道路绿化规划与设计规范》(CJJ 75) 31.《城市桥梁设计规范》(CJJ 11) 32.《无障碍设计规范》(GB 50763) 33.《城镇道路工程施工与质量验收规范》(CJJ 1) 34.《市政公用工程设计文件编制深度规定》(2013 年版) 35.《城市道路路线设计规范》(CJJ 193) 36.《城市道路交叉口设计规程》(CJJ 152)

续上表

国家职业标准	无	
职业环境	室内、久坐、户外	
国家职业资格	勘察设计注册土木工程师（道路工程）资格 勘察设计注册结构工程师（桥梁工程）资格	
基本文化程度	中专	
职业对应教育专业目录	高校本科目录	081001　土木工程 081801　交通运输 081802　交通工程 081005T　城市地下空间工程 120103　工程管理 081006T　道路桥梁与渡河工程
	高专高职目录	520108　道路桥梁工程技术
	中专中职目录	041300　道路与桥梁工程施工
	技工院校目录	0410　公路施工与养护 0411　桥梁施工与养护
其他编码	《国家职业分类大典》：2-02-18-09	

职业资格信息

职业资格名称	勘察设计注册土木工程师（道路工程）资格 勘察设计注册结构工程师（桥梁工程）资格
职业资格类型	行政许可类
对应职业	道路与桥梁工程技术人员
等级设置	暂无
报名时间	每年 6 月
考试时间	每年 9 月
网上报名	http://zg.cpta.com.cn/examfront
继续教育	暂无

01-02-02　公路工程造价工程技术人员

职业信息

职业编码	01-02-02
职业名称	公路工程造价工程技术人员
其他名称	公路造价工程、公路造价员、预算员、造价咨询师

续上表

职业定义	承担公路建设、养护工程投资估算、设计概算、施工图预算、招标控制价编制审核工作，以及投标报价、合同管理，工程结算和竣工决算等工作，全程监控整个工程造价，并提供计价依据、造价信息等资料的专业技术人员
职业工作内容	1. 根据设计文件，进行外业经济调查，编制、审核和修正投资估算、设计概算、施工图预算，为设计方案技术经济比选提供服务； 2. 根据招标文件要求，编制招标控制价及投标报价，负责合同起草、谈判、管理和监督执行等有关事宜； 3. 实施分包和采购管理，执行成本管理、资金管理和计量支付管理和监督，督促执行和调整计划； 4. 参加设计变更和工程变更管理，对变更方案进行技术经济比选，为清单单价变更提供解决方案； 5. 编制、审核、审计和修正工程结(决)算，参与工程结算和工程决算； 6. 开展全过程造价监督管理，对工程参建各方在造价管理方面的工作进行监督、评价； 7. 研究建立完善造价标准体系，开展造价标准的编制、修订工作； 8. 收集人工、材料、机械台班价格信息，开展工程造价数据积累，提供造价信息服务； 9. 开展造价管理理论研讨，研究合理确定造价和有效控制造价的方法
主要职业工具	计算机 计算器 测距仪 比例尺 材料价格信息
主要职业技术	项目管理技术 工程技术 工程造价专业技术 工程量编制标准化技术 工程管理专业技术 合同管理技术 财务专业技术 工程定额专业技术 软件：工程造价、成本编制、审查、控制专业软件、工程量算量软件、投标报价专业软件、计量支付软件、成本管理分析软件、金蝶财务专业软件、项目管理软件、工程定额管理专业软件、CAD 工程制图软件、常用办公软件(Microsoft word、excel)

续上表

主要职业法律法规	1.《合同法》 2.《招标投标法》 3.《公路法》 4.《建筑法》 5.《政府采购法》 6.《价格法》 7.《物权法》 8.《税法》 9.《土地管理法》 10.《标准化法》 11.《保险法》 12.《水土保持法》 13.《环境保护法》 14.《文物法》 15.《矿产资源法》 16.《森林法》 17.《国有土地上房屋征收与补偿条例》 18.《建设工程安全生产管理条例》 19.《公路工程施工招投标管理办法》 20.《公路工程设计变更管理办法》 21.《公路工程竣(交)工验收办法》 22.《经营性公路建设项目投资人招标投标管理规定》
主要职业标准规范	1.《公路工程基本建设项目投资估算编制办法》(JTG M20) 2.《公路工程基本建设项目概算预算编制办法》(JTG B06) 3.《公路工程估算指标》(JTG/T M21) 4.《公路工程概算定额》(JTG/T B06-01) 5.《公路工程预算定额》(JTG/T B06-02) 6.《公路工程机械台班费用定额》(JTG/T B06-03) 7.《公路工程标准施工招标文件》(交公路发〔2009〕221 号) 8.《公路建设项目工程决算编制办法》(交公路发〔2000〕507 号) 9.《交通基本建设项目竣工决算报告编制办法》(交财发〔2000〕207 号) 10.《公路建设项目后评价工作管理办法》(交计发〔1996〕1130 号)
国家职业标准	无
职业环境	久坐、室内可控
国家职业资格	造价工程师执业资格 公路工程造价人员资格
基本文化程度	大专

续上表

职业对应教育专业目录	高校本科目录	120105　工程造价
	高专高职目录	520114　公路工程造价管理 540502　工程造价 560510　国际工程造价
	中专中职目录	040500　工程造价
	技工院校目录	1106　工程造价
其他编码	《国家职业分类大典》:2-02-30-10	

职业资格信息

职业资格名称	造价工程师执业资格 公路工程造价人员资格
职业资格类型	行政许可
对应职业	造价工程师 公路工程造价人员
专业等级设置	甲级、乙级
报名时间	每年7月、10月
考试时间	每年10月、3月
网上报名	各省人事考试机构 交通职业资格网 http://www.jtzyzg.org.cn
继续教育	中国建设工程造价管理协会造价工程师网络教育 交通职业资格网 http://www.jtzyzg.org.cn

01-02-03　港口与航道工程技术人员

职业信息

职业编码	01-02-03
职业名称	港口与航道工程技术人员
其他名称	水上建筑物与岸边设施建设工程技术人员
职业定义	从事港口、航道、通航建筑物、修造船水工建筑物规划、咨询评估、勘察、设计、检测、维护,并指导施工的工程技术人员

续上表

职业工作内容	1. 进行码头、防波堤、护岸、船闸、升船机、船坞、船台、滑道等涉水工程的规划、勘察、设计、检测并指导施工； 2. 进行航道整治、航道疏浚、导助航设施的规划、勘察、咨询评估、设计、检测并指导施工； 3. 进行海上空港、人工岛、跨海（河）大桥基础、海上风电塔基础、临岸电厂、海洋核电取排水建筑物的勘测、设计、检测并指导施工； 4. 进行港口基础设施与航道的维护管理； 5. 制定并实施港口、航道等水运工程建设标准； 6. 港口、航道等水运工程建设管理
主要职业工具	计算机（水运工程专业技术软件） 水运工程专业技术标准 绘图仪 复印机 打印机等
主要职业技术	水运工程设计 水运工程专业技术软件 水运工程管理软件 潮汐、水流、波浪、泥沙、船舶系泊数值模拟和物理模型试验
主要职业法律法规	1.《合同法》 2.《港口法》 3.《航道法》 4.《环境保护法》 5.《海域使用管理法》 6.《海洋环境保护法》 7.《节约能源法》 8.《安全生产法》 9.《消防法》 10.《招标投标法》 11.《河道管理条例》 12.《防治海岸工程建设项目污染损害海洋环境管理条例》 13.《水运工程建设项目招标投标管理办法》 14.《港口规划管理规定》 15.《港口建设管理规定》 16.《港口工程竣工验收办法》 17.《港口设施保安规则》 18.《港口装卸机械管理规定》 19.《水运工程质量监督规定》 20.《公路水运工程试验检测管理办法》 21.《国务院办公厅转发国家计委、交通部关于加强港口建设宏观管理意见的通知》 22.《关于港口基础设施范围界定的通知》

续上表

主要职业法律法规	23.《关于发布〈港口工程质量检验评定标准〉的通知》 24.《关于发布〈港口工程质理检验评定标准〉局部修订的通知》 25.《关于加强水运工程初步设计审查管理的通知》 26.《关于颁发〈港口建设项目后评价报告编制办法〉的通知》 27.《建设工程质量管理条例》 28.《建设工程勘察设计管理条例》 29.《建设项目环境保护管理条例》 30.《勘察设计职工职业道德准则》(建设部)
主要职业标准规范	1.《海港总体设计规范》(JTS 165) 2.《河港工程总体设计规范》(JTJ 212) 3.《渠化工程枢纽总体设计规范》(JTS 182-1) 4.《港口与航道水文规范》(JTS-145) 5.《港口工程荷载规范》(JTS 144-1) 6.《水运工程抗震设计规范》(JTS 146) 7.《港口工程地基规范》(JTS 147-1) 8.《港口工程桩基规范》(JTS 167-4) 9.《港口工程嵌岩桩设计与施工规程》(JTJ 285) 10.《港口工程灌注桩设计与施工规程》(JTJ 248) 11.《港口工程后张法预应力混凝土大管桩设计与施工规程》(JTS 167-6) 12.《水运工程混凝土结构设计规范》(JTS 151) 13.《水运工程钢结构设计规范》(JTS 152) 14.《重力式码头设计与施工规范》(JTS 167-2) 15.《高桩码头设计与施工规范》(JTS 167-1) 16.《板桩码头设计与施工规范》(JTS 167-3) 17.《斜坡码头及浮码头设计与施工规范》(JTJ 294) 18.《港口工程地下连续墙结构设计与施工规程》(JTJ 303) 19.《防波堤设计与施工规范》(JTS 154-1) 20.《港口及航道护岸工程设计与施工规范》(JTJ 300) 21.《海港工程混凝土结构防腐蚀技术规范》(JTJ 275) 22.《海港工程钢结构防腐蚀技术规范》(JTS 153-3) 23.《通航海轮桥梁通航标准》(JTJ 311) 24.《内河通航标准》(GB 50139) 25.《长江干线通航标准》(JTS 180-4) 26.《码头附属设施技术规范》(JTJ 297) 27.《疏浚与吹填工程设计规范》(JTS 181-5) 28.《航道整治工程技术规范》(JTJ 312) 29.《船闸总体设计规范》(JTJ 305) 30.《船闸水工建筑物设计规范》(JTJ 307) 31.《船闸输水系统设计规范》(JTJ 306) 32.《船闸闸阀门设计规范》(JTJ 308)

续上表

<table>
<tr><td>主要职业标准规范</td><td>33.《干船坞设计规范》(GB/T 8524)
34.《港口工程环境保护设计规范》(JTS 149-1)
35.《装卸油品码头防火设计规范》(JTJ 237)
36.《水运工程节能设计规范》(JTS 150)
37.《液化天然气码头设计规范》(JTS 165-5)
38.《游艇码头设计规范》(JTS165-7)
39.《邮轮码头设计规范》(JTS170)
40.《煤炭矿石码头粉尘控制设计规范》(JTS 155)
41.《污水排海管道技术规范》(GB/T 19570)
42.《污水海洋处置污染控制标准》(GB 18486)
43.《波浪模型试验规程》(JTJ 234)
44.《内河航道与港口水流泥沙模拟技术规程》(JTJ 232)
45.《海岸与河口潮流泥沙模拟技术规程》(JTS/T 231-2)
46.《通航建筑物水力学模拟技术规程》(JTJ 235)
47.《港口工程初步设计文件编制规定》(JTS 110-4)
48.《航道工程初步设计文件编制规定》(JTS 110-5)
49.《水运工程设计通则》(JTS 141)
50.《运河通航标准》(JTS 180-2)
51.《海港工程钢筋混凝土结构电化学防腐蚀技术规范》(JTS 153-2)
52.《海港工程高性能混凝土质量控制标准》(JTS 257-2)
53.《水运工程测量规范》(JTS 131)
54.《码头船舶岸电设施建设技术规范》(JTS 155)
55.《水运工程施工图文件编制规定》(JTS 110-7)
56.《水运工程先张法预应力高强混凝土管桩设计与施工规程》(JTS 167-8)
57.《沿海港口建设工程概算预算编制规定》(交水发〔2004〕247 号)
58.《水运工程建设项目投资估算编制规定》(JTS 115)
59.《水运工程工程量清单计价规范》(JTS 271)
60.《水运工程数学模型试验研究参考定额》(JTS/T 274-1)
61.《沿海港口建设工程投资估算指标》(JTS/T 272-1)
62.《内河航运建设工程概算预算编制规定》(交通运输部公告〔2014〕第 28 号发布)
63.《疏浚工程概算预算编制规定》(交基发〔1997〕246 号发布)
64.《国家发展改革委、建设部关于印发〈建设项目经济评价方法与参数〉的通知》(发改投资〔2006〕1325 号)
65.《港口建设项目预可行性研究报告和工程可行性研究报告编制办法》(交规划发〔2009〕712 号)
66.《航道建设项目预可行性研究报告和工程可行性研究报告编制办法》(交规划发〔2009〕712 号)</td></tr>
<tr><td>国家职业标准</td><td>有</td></tr>
<tr><td>职业环境</td><td>一般为室内,久坐;有时需进入陆上、水上施工现场</td></tr>
</table>

续上表

职业所含工种	无	
国家职业资格	勘察设计注册土木工程师(港口与航道工程)	
基本文化程度	大学专科	
职业对应教育专业目录	高校本科目录	081103　港口航道与海岸工程
	高专高职目录	570205　港口航道与治河工程 520604　港口工程技术 520610　港口与航道工程技术
	中专中职目录	无
其他编码	《国家职业分类大典》:2-02-18-10	

职业资格信息

职业资格名称	勘察设计注册土木工程师(港口与航道工程)执业资格
职业资格类型	行政许可类
对应职业	港口与航道工程技术人员
等级设置	暂无
报名时间	每年6月
考试时间	每年9月
网上报名	http://zg. cpta. com. cn/examfront
继续教育	暂无

01-02-04　水运工程造价工程技术人员

职业信息

职业编码	01-02-04
职业名称	水运工程造价工程技术人员
其他名称	水运工程造价工程师、造价专业人员、造价员、预算员
职业定义	从事水运工程全寿命周期有关工程造价工作的专业技术人员,以及从事水运工程造价标准定额编制管理,造价信息管理等的专业技术人员
职业工作内容	1. 水运工程投资估算、初步设计设计概算、施工图预算、维护工程预算的编制审查及工程建设各阶段技术经济比选分析; 2. 水运工程招标控制价编制审查及投标报价编制,工程合同价格确定及合同谈判有关事宜; 3. 工程施工的计量支付、工程结算、决算的造价管理活动; 4. 水运工程建设过程的造价咨询服务; 5. 水运工程造价标准定额编制管理;

续上表

职业工作内容	6. 水运工程造价信息管理服务； 7. 水运工程相关经济活动（资产评估、司法鉴定、纠纷调解等）中有关造价咨询服务； 8. 水运工程造价科研等活动
主要职业工具	相关工程及造价标准规范、定额等 计算机和造价专业计算机软件、相关项目管理软件、工程财务软件、常用办公软件等 计算器等
主要职业技术	水运工程造价专业技术 水运工程建造专业技术 建设工程项目管理专业技术 合同管理技术 工程财务专业技术 建设工程定额管理专业技术
主要职业法律法规	1.《港口法》 2.《航道法》 3.《海洋法》 4.《合同法》 5.《招投标法》 6.《政府采购法》 7.《土地管理法》 8.《价格法》 9.《物权法》 10.《税法》 11.《标准化法》 12.《保险法》 13.《水土保持法》 14.《环境保护法》 15.《文物法》 16.《矿产资源法》 17.《国有土地上房屋征收与补偿条例》 18.《建设工程安全生产管理条例》 19.《水运工程建设项目招标投标管理办法》 20.《建设工程勘察设计管理条例》 21.《港口建设管理规定》 22.《航道建设管理规定》 23.《航道工程竣工验收管理办法》

续上表

<table>
<tr><td>主要职业
标准规范</td><td colspan="2">1.《沿海港口建设工程概算预算编制规定》(交水发〔2004〕247 号)
2.《水运工程建设项目投资估算编制规定》(JTS 115)
3.《沿海港口建设工程投资估算指标》(JTS/T 272-1)
4.《内河航运建设工程概算预算编制规定》(交通运输部公告〔2014〕第 28 号)
5.《疏浚工程概算预算编制规定》(交基发〔1997〕246 号)
6.《国家发展改革委、建设部关于印发建设项目经济评价方法与参数的通知》(发改投资〔2006〕1325 号)
7.《港口建设项目预可行性研究报告和工程可行性研究报告编制办法》(交规划发〔2009〕712 号)
8.《航道建设项目预可行性研究报告和工程可行性研究报告编制办法》(交规划发〔2009〕712 号)
9.《航道养护工程预算编制办法及定额》(DB43/T 996)
10.《水运工程定额编写规定》(JTS 111)
11.《水运工程测量定额》(JTS 273)
12.《内河航运水工建筑工程定额》(JTS 275-1)
13.《内河航运工程船舶机械艘(台)班费用定额》(JTS 275-2)
14.《内河航运设备安装工程定额》(JTS 275-3)
15.《内河航运工程参考定额》(JTS/T 275-4)
16.《水运工程混凝土和砂浆材料用量定额》(JTS 277)
17.《国家发展改革委、建设部关于印发建设项目经济评价方法与参数的通知》(发改投资〔2006〕1325 号)
18.《港口建设项目预可行性研究报告和工程可行性研究报告编制办法》(交规划发〔2009〕712 号发布)
19.《航道建设项目预可行性研究报告和工程可行性研究报告编制办法》(交规划发〔2009〕712 号发布)</td></tr>
<tr><td>国家职业标准</td><td colspan="2">有</td></tr>
<tr><td>职业环境</td><td colspan="2">一般为室内,久坐;有时需进入陆上、水上施工现场</td></tr>
<tr><td>职业所含工种</td><td colspan="2">无</td></tr>
<tr><td>国家职业资格</td><td colspan="2">勘察设计注册土木工程师(港口与航道工程)</td></tr>
<tr><td>基本文化程度</td><td colspan="2">大学专科</td></tr>
<tr><td rowspan="3">职业对应教育
专业目录</td><td>高校本科目录</td><td>081103　港口航道与海岸工程</td></tr>
<tr><td>高专高职目录</td><td>570205　港口航道与治河工程
520604　港口工程技术
520610　港口与航道工程技术</td></tr>
<tr><td>中专中职目录</td><td>无</td></tr>
<tr><td>其他编码</td><td colspan="2">《国家职业分类大典》:2-02-30-10</td></tr>
</table>

职业资格信息

职业资格名称	造价工程师职业资格、水运工程造价工程师资格
职业资格类型	行政许可类
对应职业	造价工程师、水运工程造价人员
等级设置	无
报名时间	每年 7 月
考试时间	每年 10 月
网上报名	各省人事考试机构、交通职业资格网 http://www.jtzyzg.org.cn
继续教育	中国建设工程造价管理协会造价工程师网络教育 交通职业资格网 http://www.jtzyzg.org.cn

01-02-05　公路水运工程试验检测工程技术人员

职业信息

职业编码	01-02-05
职业名称	公路水运工程试验检测工程技术人员
其他名称	试验检测师、助理试验检测师
职业定义	依据工程建设技术标准、规范和规程，对公路水运工程材料、构件、工程制品和工程实体的质量和技术指标，进行试验检测的专业技术人员
职业工作内容	1. 从事公路水运工程项目验收的质量鉴定检测； 2. 承担公路水运工程日常检测、监测，出具相关业务试验检测报告； 3. 承担公路水运工程新工艺、新材料、新技术的试验检测； 4. 参与公路水运工程试验检测规程、技术标准等的编修； 5. 承担公路水运工程质量事故调查中有关试验检测业务
主要职业工具	材料力学试验机 水泥混凝土成套试验仪器 沥青混凝土成套试验仪器 道路、桥梁、隧道实体工程检测设备 港口、航道实体工程检测设备
主要职业技术	试验检测原理 试验室管理知识
主要职业法律法规	1.《计量法》 2.《标准化法》 3.《产品质量法》 4.《标准化法实施条例》 5.《建设工程质量管理条例》

续上表

主要职业法律法规	6.《计量法实施细则》 7.《检验检测机构资质认定管理办法》(国家质量监督检验检疫总局令第163号) 8.《国家认监委关于印发检验检测机构资质认定配套工作程序和技术要求的通知》(国认实〔2015〕50号) 9.《公路水运工程试验检测管理办法》(交通部令2005年第12号) 10.《关于印发〈公路水运工程试验检测专业技术人员职业资格制度规定〉和〈公路水运工程试验检测专业技术人员职业资格考试实施办法〉的通知》(人社部发〔2015〕59号)
主要职业标准规范	1.《公路试验检测数据报告编制导则》(JT/T 828) 2.《公路工程质量检验评定标准》(JTG F80/1) 3.《水运工程质量检验标准》(JTS 257) 4.《数值修约规则与极限数值的表示和判定》(GB/T 8170) 5.《量和单位》(GB 3100 ~ 3102) 6.《通用计量术语及定义》(JJF 1001) 7.《合格评定　能力验证的通用要求》(GB/T 27043) 8.《利用实验室间比对进行能力验证的统计方法》(GB/T 28043) 9.《统计学词汇及符号　第1部分:一般统计术语与用于概率的术语》(GB/T 3358.1) 10.《数据的统计处理和解释　正态样本离群值的判断和处理》(GB/T 4883) 11.《检测实验室中常用不确定度评定方法与表示》(GB/T 27411) 12.《公路土工试验规程》(JTG E40) 13.《公路工程集料试验规程》(JTG E42) 14.《公路工程沥青及沥青混合料试验规程》(JTG E20) 15.《公路工程水泥及水泥混凝土试验规程》(JTG E30) 16.《通用硅酸盐水泥》(GB 175) 17.《公路工程无机结合料稳定材料试验规程》(JTG E51) 18.《公路沥青路面施工技术规范》(JTG F40) 19.《公路水泥混凝土路面施工技术细则》(JTG/T F30) 20.《公路路面基层施工技术细则》(JTG/T F20) 21.《公路路基施工技术规范》(JTG F10) 22.《混凝土外加剂》(GB 8076) 23.《混凝土外加剂应用技术规范》(GB 50119) 24.《普通混凝土配合比设计规程》(JGJ 55) 25.《建设用卵石、碎石》(GB/T 14685) 26.《建设用砂》(GB/T 14684)

续上表

主要职业 标准规范	27.《公路桥涵施工技术规范》(JTG/T F50) 28.《公路技术状况评定标准》(JTG H20) 29.《公路路基路面现场测试规程》(JTG E60) 30.《公路工程土工合成材料试验规程》(JTG E50) 31.《公路土工合成材料应用技术规范》(JTG/T D32) 32.《公路路面技术状况自动化检测规程》(JTG/T E61) 33.《公路桥涵设计通用规范》(JTG D60) 34.《公路钢结构桥梁设计规范》(JTG D64) 35.《公路钢筋混凝土及预应力混凝土桥涵设计规范》(JTG D62) 36.《公路工程岩石试验规程》(JTG E41) 37.《普通混凝土力学性能试验方法标准》(GB/T 50081) 38.《公路工程基桩动测技术规程》(JTG/T F81-01) 39.《公路桥梁板式橡胶支座》(JT/T 4) 40.《公路桥梁伸缩装置》(JT/T 327) 41.《预应力混凝土用钢绞线》(GB/T 5224) 42.《预应力混凝土用钢丝》(GB/T 5223) 43.《公路桥涵养护规范》(JTG H11) 44.《城市桥梁养护技术规范》(CJJ 99) 45.《公路桥梁技术状况评定标准》(JTG/T H21) 46.《公路桥梁承载能力检测评定规程》(JTG/T J21) 47.《公路隧道施工技术规范》(JTG F60) 48.《公路隧道施工技术细则》(JTG/T F60) 49.《公路隧道设计规范》(JTG D70) 50.《公路隧道照明设计细则》(JTG/T D70/2-01) 51.《公路隧道通风设计细则》(JTG/T D70/2-02) 52.《铁路隧道衬砌质量无损检测规程》(TB 10223) 53.《回弹法检测混凝土抗压强度技术规程》(JGJ/T 23) 54.《铁路瓦斯隧道技术规范》(TB 10120) 55.《公路隧道养护技术规范》(JTG H12) 56.《超声法检测混凝土缺陷技术规程》(CECS 21) 57.《锚杆锚固质量无损检测技术规程》(JGJ/T 182) 58.《水利水电工程物探规程》(SL 326) 59.《铁路隧道监控量测技术规程》(TB 10121) 60.《混凝土质量控制标准》(GB 50164) 61.《普通混凝土长期性能和耐久性能试验方法标准》(GB/T 50082) 62.《普通混凝土力学性能试验方法标准》(GB/T 50081) 63.《氯化聚乙烯防水卷材》(GB 12953) 64.《建筑防水卷材试验方法》(GB/T 328.1 ~ 328.27) 65.《公路项目安全性评价指南》(JTG/T B05) 66.《道路交通标志和标线》(GB 5768) 67.《道路交通标志板及支撑件》(GB/T 23827)

续上表

<table>
<tr><td>主要职业
标准规范</td><td>68.《道路交通反光膜》(GB/T 18833)
69.《沿线设施塑料制品耐候性要求及测试方法》(GB/T 22040)
70.《公路交通工程钢构件防腐技术条件》(GB/T 18226)
71.《公路交通安全设施质量检验抽样方法》(JT/T 495)
72.《路面标线涂料》(JT/T 280)
73.《路面防滑涂料》(JT/T 712)
74.《路面标线用玻璃珠》(GB/T 24722)
75.《公路用防腐蚀粉末涂料及涂层》(JT/T 600)
76.《道路交通标线质量要求和检测方法》(GB/T 16311)
77.《波形梁钢护栏　第1部分:两波形梁钢护栏》(GB/T 31439.1)
78.《隔离栅》(GB/T 26941)
79.《公路用复合隔离栅立柱》(JT/T 848)
80.《公路防撞桶》(GB/T 28650)
81.《防眩板》(GB/T 24718)
82.《突起路标》(GB/T 24725)
83.《太阳能突起路标》(GB/T 19813)
84.《轮廓标》(GB/T 24970)
85.《公路地下通信管道　高密度聚乙烯硅芯塑料管》(JT/T 496)
86.《高密度聚乙烯硅芯管》(GB/T 24456)
87.《地下通信管道用塑料管》(YD/T 841)
88.《公路用玻璃纤维增强塑料产品》(GB/T 24721.1~24721.5)
89.《公路交通安全设施设计规范》(JTG D81)
90.《高速公路隧道监控系统模式》(GB/T 18567)
91.《环形线圈车辆检测器》(GB/T 26942)
92.《交通信息采集　微波交通流检测器》(GB/T 20609)
93.《道路交通气象环境　能见度检测器》(JT/T 714)
94.《道路交通环境　埋入式路面状况检测器》(JT/T 715)
95.《视频交通事件检测器》(GB/T 28789)
96.《视频光端机》(JT/T 830)
97.《视频矩阵》(JT/T 897)
98.《高速公路 LED 可变信息标志》(GB/T 23828)
99.《高速公路 LED 可变限速标志》(GB 23826)
100.《LED 主动发光道路交通标志》(GB/T 31446)
101.《LED 车道控制标志》(JT/T 597)
102.《道路交通信号灯》(GB 14887)
103.《交通警示灯》(GB/T 24965.1)
104.《高速公路监控设施通信规程》(JT/T 606)
105.《电子收费　专用短程通信》(GB/T 20851)
106.《收费用电动栏杆》(GB/T 24973)
107.《汽车号牌视频自动识别系统》(JT/T 604)
108.《车辆分离光栅》(GB/T 24966)</td></tr>
</table>

续上表

主要职业标准规范	109.《公路收费亭》(GB/T 24719) 110.《公路收费车道控制机》(GB/T 24968) 111.《收费专用键盘》(GB/T 24724) 112.《票据打印机》(GB/T 24723) 113.《公路收费用费额显示器》(GB/T 27879) 114.《高速公路监控系统软件测试方法　第 1 部分:功能测试》(JT/T 965.1) 115.《高速公路监控系统软件测试方法　第 2 部分:性能测试》(JT/T 965.2) 116.《收费公路联网收费系统软件测试方法　第 1 部分:功能测试》(JT/T 966.1) 117.《以太网交换机技术要求》(YD/T 1099) 118.《信息安全技术　路由器安全技术要求》(GB/T 18018) 119.《综合布线系统电气特性通用测试方法》(YD/T 1013) 120.《升降式高杆照明装置》(GB/T 26943) 121.《公路照明技术条件》(GB/T 24969) 122.《公路 LED 照明灯具》(JT/T 939.1、JT/T 939.2、JT/T 939.5) 123.《照明测量方法》(GB/T 5700) 124.《隧道环境检测设备》(GB/T 26944) 125.《公路隧道发光型诱导设施》(JT/T 820) 126.《太阳能突起路标》(GB/T 19813) 127.《公路隧道火灾报警系统技术条件》(JT/T 610) 128.《隧道可编程控制器》(JT/T 608) 129.《公路机电系统设备通用技术要求及检测方法》(JT/T 817) 130.《公路沿线设施太阳能供电系统通用技术规范》(GB/T 24716) 131.《基于以太网技术的局域网系统验收测评规范》(GB/T 21671) 132.《港口工程桩基规范》(JTS 167-4) 133.《港口工程基桩静载荷试验规程》(JTJ 255) 134.《港口工程桩基动力检测规程》(JTJ 249) 135.《建筑基桩检测技术规范》(JGJ 106) 136.《建筑桩基技术规范》(JGJ 94) 137.《港口水工建筑物检测与评估技术规范》(JTJ 302) 138.《混凝土结构工程施工质量验收规范》(GB 50204) 139.《水运工程混凝土试验规程》(JTJ 270) 140.《水运工程混凝土结构设计规范》(JTS 151) 141.《钻芯法检测混凝土强度技术规程》(CECS 03) 142.《混凝土结构试验方法标准》(GB 50152) 143.《水运工程水工建筑物原型观测技术规范》(JTJ 218) 144.《港口工程嵌岩桩设计与施工规程》(JTJ 285) 145.《海港工程钢结构防腐蚀技术规范》(JTS 153-3) 146.《水运工程质量验收标准》(JTS 257) 147.《岩土锚杆(索)技术规程》(CECS 22) 148.《建筑地基基础设计规范》(GB 50007) 149.《混凝土结构设计规范》(GB 50010)

续上表

<table>
<tr><td>主要职业
标准规范</td><td>150.《水运工程混凝土质量控制标准》(JTS 202-2)
151.《港口水工建筑物修补加固技术规范》(JTS 311)
152.《混凝土中钢筋检测技术规程》(JGJ/T 152)
153.《热喷涂涂层厚度的无损测量方法》(GB 11374)
154.《水运工程混凝土结构实体检测技术规程》(JTS 239)
155.《建筑结构检测技术标准》(GB/T 50344)
156.《磁性基体上非磁性覆盖层　覆盖层厚度测量　磁性法》(GB/T 4956)
157.《色漆和清漆　漆膜厚度的测定》(GB/T 13452.2)
158.《无损检测　接触式超声脉冲回波法测厚方法》(GB/T 11344)
159.《色漆和清漆拉开法附着力试验》(GB/T 5210)
160.《涂覆涂料前钢材表面处理　喷射清理后的钢材表面粗糙度特性》(GB/T 13288)
161.《土工试验方法标准》(GB/T 50123)
162.《土工试验规程》(SL 237)
163.《港口工程地基规范》(JTS 147-1)
164.《水运工程岩土勘察规范》(JTS 133)
165.《建筑变形测量规范》(JGJ 8)
166.《建筑地基处理技术规范》(JGJ 79)
167.《建筑地基检测技术规范》(JGJ 340)
168.《水运工程抗震设计规范》(JTS 146)
169.《建筑抗震设计规范》(GB 50011)
170.《岩土工程监测规范》(YS 5229)
171.《建筑基坑工程检测技术规范》(GB 50497)
172.《地基动力特性测试规范》(GB/T 50269)
173.《通用硅酸盐水泥》(GB 175)
174.《中热硅酸盐水泥　低热硅酸盐水泥　低热矿渣硅酸盐水泥》(GB 200)
175.《水泥胶砂强度检验方法(ISO 法)》(GB/T 17671)
176.《水泥标准稠度用水量、凝结时间、安定性检验方法》(GB/T 1346)
177.《水泥密度测定方法》(GB/T 208)
178.《水泥胶砂流动度测定方法》(GB/T 2419)
179.《水泥细度检验方法　筛析法》(GB/T 1345)
180.《水泥比表面积测定方法　勃氏法》(GB/T 8074)
181.《水泥化学分析方法》(GB/T 176)
182.《水泥取样方法》(GB/T 12573)
183.《通用水泥质量等级》(JC/T 452)
184.《建设用砂》(GB/T 14684)
185.《建设用卵石、碎石》(GB/T 14685)
186.《普通混凝土用砂、石质量及检验方法标准》(JGJ 52)
187.《公路工程岩石试验规程》(JTG E41)
188.《工程岩体试验方法标准》(GB/T 50266)
189.《混凝土用水标准》(JGJ 63)</td></tr>
</table>

续上表

主要职业标准规范	190.《混凝土外加剂》(GB 8076) 191.《混凝土外加剂匀质性试验》(GB/T 8077) 192.《混凝土外加剂应用技术规范》(GB 50119) 193.《钢筋混凝土阻锈剂》(JT/T 537) 194.《混凝土膨胀剂》(GB 23439) 195.《砂浆、混凝土防水剂》(JC 474) 196.《高强高性能混凝土用矿物外加剂》(GB/T 18736) 197.《用于水泥和混凝土中的粉煤灰》(GB/T 1596) 198.《用于水泥和混凝土中的粒化高炉矿渣粉》(GB/T 18046) 199.《粉煤灰混凝土应用技术规范》(GB/T 50146) 200.《混凝土路面砖》(GB 28635) 201.《土工合成材料应用技术规范》(GB 50290) 202.《水运工程土工合成材料应用技术规范》(JTJ 239) 203.《水运工程塑料排水板应用技术规程》(JTS 206-1) 204.《土工合成材料　取样和试样准备》(GB/T 13760) 205.《土工合成材料规定压力下厚度的测定》(GB/T 13761.1) 206.《土工合成材料土工布及土工布有关产品单位面积质量的测定方法》(GB/T 13762) 207.《土工布及其有关产品　宽条拉伸试验》(GB/T 15788) 208.《土工合成材料　梯形法撕破强力的测定》(GB/T 13763) 209.《土工布及其有关产品　无负荷时垂直渗透特性的测定》(GB/T 15789) 210.《土工布及其有关产品　有效孔径的测定　干筛法》(GB/T 14799) 211.《土工合成材料　静态顶破试验(CBR 法)》(GB/T 14800) 212.《土工布及其有关产品　动态穿孔试验　落锥法》(GB/T 17630) 213.《土工合成材料测试规程》(SL 235) 214.《沥青软化点测定法》(GB/T 4507) 215.《沥青延度测定法》(GB/T 4508) 216.《沥青针入度测定法》(GB/T 4509) 217.《港口水工建筑物修补加固技术规范》(JTS 311) 218.《海港工程混凝土结构防腐蚀技术规范》(JTJ 275) 219.《钢筋混凝土用钢　第 1 部分:热轧光圆钢筋》(GB 1499.1) 220.《钢筋混凝土用余热处理钢筋》(GB 13014) 221.《预应力混凝土用钢棒》(GB/T 5223.3) 222.《低碳钢热轧圆盘条》(GB/T 701) 223.《预应力混凝土用钢丝》(GB/T 5223) 224.《预应力混凝土用钢绞线》(GB/T 5224) 225.《钢筋焊接及验收规程》(JGJ 18) 226.《钢筋焊接接头试验方法标准》(JGJ/T 27) 227.《钢筋机械连接用套筒》(JG/T 163) 228.《钢筋机械连接技术规程》(JGJ 107) 229.《金属材料　拉伸试验　第 1 部分:室温试验方法》(GB/T 228.1)

续上表

<table>
<tr><td>主要职业
标准规范</td><td colspan="2">230.《金属材料　弯曲试验方法》(GB/T 232)
231.《预应力混凝土用钢材试验方法》(GB/T 21839)
232.《钢筋混凝土用钢材试验方法》(GB/T 28900)
233.《水运工程混凝土施工规范》(JTS 202)
234.《水运工程大体积混凝土温度裂缝控制技术规程》(JTS 202-1)
235.《水运工程混凝土质量控制标准》(JTS 202-2)
236.《混凝土质量控制标准》(GB 50164)
237.《水运工程结构耐久性设计标准》(JTS 153)
238.《普通混凝土配合比设计规程》(JGJ 55)
239.《砌筑砂浆配合比设计规程》(JGJ/T 98)
240.《建筑砂浆基本性能试验方法标准》(JGJ/T 70)
241.《预拌混凝土》(GB/T 14902)
242.《水运工程混凝土试验规程》(JTJ 270)
243.《水运工程混凝土结构实体检测技术规程》(JTS 239)
244.《钢结构用高强度大六角头螺栓》(GB/T 1228)
245.《钢结构用高强度大六角头螺母》(GB/T 1229)
246.《钢结构用高强度垫圈》(GB/T 1230)
247.《钢结构用高强度大六角头螺栓、大六角螺母、垫圈技术条件》(GB/T 1231)
248.《预应力筋用锚具、夹具和连接器》(GB/T 14370)
249.《公路桥梁预应力钢绞线用锚具、夹具和连接器》(JT/T 329)</td></tr>
<tr><td>国家职业标准</td><td colspan="2">无</td></tr>
<tr><td>职业环境</td><td colspan="2">室内、室外、野外、噪声、有毒、高温、辐射、高空</td></tr>
<tr><td>职业所含工种</td><td colspan="2">公路水运工程试验检测师
公路水运工程助理试验检测师</td></tr>
<tr><td>国家职业资格</td><td colspan="2">公路水运工程试验检测人员</td></tr>
<tr><td>基本文化程度</td><td colspan="2">中专</td></tr>
<tr><td>职业对应教育
专业目录</td><td>高校本科目录</td><td>070202　应用物理学
070302　应用化学
080101　工程力学
080201　机械工程
080301　测控技术与仪器
081001　土木工程
081101　水利水电工程
081103　港口航道与海岸工程
080405　金属材料工程
080601　电气工程及其自动化
081402　勘查技术与工程
081401　地质工程
081802　交通工程
120103　工程管理</td></tr>
</table>

续上表

<table>
<tr><td rowspan="2">职业对应教育专业目录</td><td>高专高职目录</td><td>520102　高等级公路维护与管理
520107　公路监理
520108　道路桥梁工程技术
520112　公路机械化施工技术
520113　公路工程管理
520115　公路工程检测技术
520118　道桥工程检测技术
520120　桥隧检测与加固工程技术
520121　交通运输安全管理技术
520408　航道工程技术
520604　港口工程技术</td></tr>
<tr><td>中专中职目录</td><td>040100　建筑工程施工
040400　城镇建设
041200　市政工程施工
041300　道路与桥梁工程施工
041400　铁道施工与养护
041500　水利水电工程施工
041600　工程测量
041700　土建工程检测
050300　工程材料检测技术
050800　建筑与工程材料</td></tr>
<tr><td>其他编码</td><td colspan="2">无</td></tr>
</table>

职业资格信息

职业资格名称	公路水运工程试验检测专业技术人员
职业资格类型	水平评价类
对应职业	公路水运工程试验检测人员
等级设置	试验检测师、助理试验检测师
报名时间	每年 6 月
考试时间	每年 9 月
网上报名	http://ks2.jtzyzg.net/predetection/login.do?method=initLog&projectId=100000
继续教育	http://www.jtzyzg.org.cn/glsyjcpt/sy/index.html

01-03 船舶指挥和引航人员

01-03-01 甲板部技术人员

职业信息

职业编码	01-03-01
职业名称	甲板部技术人员
其他名称	无
职业定义	从事船舶的指挥、驾驶、通信、货物操作与保管、船舶运营管理及相关海事活动的技术人员
职业工作内容	1. 驾驶船舶，进行航行值班； 2. 进行船舶操作管理，组织培训和演习； 3. 编制、审核货物配积载和作业图表，监督货物操作作业，保管货物； 4. 使用、保养、维护航海仪器、通信导航设备及资料； 5. 执行通信规定，进行无线电通信； 6. 安排船体、应急设备及舱面设备的检修、维护和保养； 7. 判断、排除助航仪器、电气及部分甲板机械设备故障； 8. 撰写相关海事报告和事故报告； 9. 保管工作日志和记录文件
主要职业工具	船舶助航仪器和设备 船舶甲板设备 船舶通信设备 船舶应急设备
主要职业技术	船舶航行 货物装卸与积载 船舶作业管理和人员管理 无线电通信 应急 职业安全 医护 求生
主要职业法律法规	1.《1978 年海员培训、发证和值班标准国际公约》 2.《1974 年国际海上人命安全公约》 3.《经 1978 年议定书修订的 1973 年国际防止船舶造成污染公约》 4.《2006 年海事劳工公约》 5.《1972 年国际海上避碰规则》 6.《海上交通安全法》 7.《内河交通安全管理条例》 8.《船员条例》

续上表

主要职业法律法规	9.《船员培训管理规则》 10.《内河船舶船员值班规则》 11.《海船船员值班规则》 12.《内河避碰规则》 13.《海船船员适任考试和发证规则》 14.《内河船舶船员适任考试和发证规则》	
主要职业标准规范	1.《船员健康检查要求》(GB 30035) 2.《内河航运综合信息服务电子报文　第2部分:基于XML的船员/乘客清单报文》(JT/T 867.2)	
国家职业标准	无	
职业环境	船舶舱室内外、高温	
职业所含工种	无	
国家职业资格	甲板部技术人员	
基本文化程度	中专	
职业对应教育专业目录	高校本科目录	081803K　航海技术
	高专高职目录	520401　航海技术
	中专中职目录	081100　船舶驾驶
	技工院校目录	0416　船舶驾驶
其他编码	《国家职业分类大典》:2-04-02-01	

职业资格信息

职业资格名称	甲板部技术人员
职业资格类型	行政许可类
对应职业	轮机部技术人员
等级设置	高级(高级船长)、中级(船长、大副)、初级(二副、三副)
报名时间	每月
考试时间	每月
网上报名	交通运输部各直属海事局船员电子申报暨综合服务信息平台
继续教育	经批准的航海院校和船员培训机构

01-03-02　轮机部技术人员

职业信息

职业编码	01-03-02
职业名称	轮机部技术人员
其他名称	无
职业定义	从事船舶机械、电子电气和通信等设备管理,指挥、协调轮机部门工作的技术人员
职业工作内容	1. 操作、保养、维修船舶机械、电子电气设备、无线电通信设备、局域网络和应急设备; 2. 制订油水加装和耗用计划,核定燃料和锅炉用水储量; 3. 管理轮机设备,组织培训和演习; 4. 分析、判断和排除主机、辅机及附属装置、电子电气等设备故障; 5. 编制修船计划和航次修理项目,并组织实施; 6. 保管轮机技术文件和资料; 7. 保管轮机日志和除由甲板部保管以外船舶文书; 8. 撰写相关海事报告和事故报告
主要职业工具	通用检修工具 随机专用检修工具 船舶通信设备 船舶应急设备 热工仪表 电工仪表
主要职业技术	轮机工程 维护和修理 船舶作业管理和人员管理 电气控制工作 电子控制工程 应急 医护 求生
主要职业法律法规	1.《1978 年海员培训、发证和值班标准国际公约》 2.《1974 年国际海上人命安全公约》 3.《经 1978 年议定书修订的 1973 年国际防止船舶造成污染公约》 4.《2006 年海事劳工公约》 5.《海上交通安全法》 6.《船员条例》 7.《船员培训管理规则》 8.《内河船舶船员值班规则》 9.《海船船员值班规则》

续上表

主要职业法律法规	10.《海洋环境保护法》 11.《防治船舶污染海洋环境管理条例》 12.《内河交通管理条例》 13.《海船船员适任考试和发证规则》 14.《内河船舶船员适任考试和发证规则》	
主要职业标准规范	1.《船员健康检查要求》(GB 30035) 2.《内河船运综合信息服务电子报文　第2部分:基于XML的船员/乘客清单报文》(JT/T 867.2)	
国家职业标准	无	
职业环境	船舶舱室内外、高温、振动、噪声	
职业所含工种	无	
国家职业资格	轮机部技术人员资格	
基本文化程度	中专	
职业对应教育专业目录	高校本科目录	081804K　轮机工程
	高专高职目录	520405　轮机工程技术
	中专中职目录	081200　轮机管理
	技工院校目录	0417-4　船舶轮机
其他编码	《国家职业分类大典》:2-04-02-02	

职业资格信息

职业资格名称	轮机部技术人员
职业资格类型	行政许可类
对应职业	甲板部技术人员
等级设置	高级(高级轮机长)、中级(轮机长、大管轮)、初级(二管轮、三管轮)
报名时间	每月
考试时间	每月
网上报名	交通运输部海事局船员电子申报暨综合服务信息平台
继续教育	经批准的航海院校和船员培训机构

01-03-03　船舶引航员

职业信息

职业编码	01-03-03
职业名称	船舶引航员

续上表

其他名称	引航员
职业定义	引领船舶进出港口及在特殊水域航行,进行船舶引航管理,并提供引航技术和咨询服务的技术人员
职业工作内容	1. 引领船舶进出口及在江河、水道、海峡等特殊水域航行和靠、离泊位; 2. 维修、保养船舶引航系统设施,分析处理故障; 3. 进行船舶引航管理,组织引航业务培训与应变演习; 4. 提供港口、航道建设和水域公共安全咨询服务; 5. 参与船舶、港口应急抢险、救助; 6. 记录、保管引航日志和业务文件,撰写引航事故、险情报告,参与或协助海事调查
主要职业工具	移动电话 便携式对讲机 望远镜 潮汐表 最新海图 航路指南 笔记本电脑 便携式电子导航设备 工作包 工作服 救生衣 手套 防滑鞋
主要职业技术	航海 船舶操纵与船舶避碰 导助航设施应用 航海气象 海洋学 港口水文信息应用 航海标准英语与 VHF 通信操作
主要职业法律法规	1.《国际海上人命安全公约》(SOLAS) 2.《海员培训、发证和值班标准国际公约》(STCW) 3.《国际安全管理规则》(ISM) 4.《国际防止船舶造成污染公约》(MARPOL) 5.《劳动法》 6.《海上交通安全法》 7.《海船船员值班规则》 8.《引航员管理办法》 9.《船舶引航管理规定》(中华人民共和国交通部 10 号令)

续上表

主要职业标准规范	1.《内河交通安全标志》(GB 13851) 2.《长江运输船舶操纵性衡准》(JT/T 258) 3.《内河通航水域桥梁警示标志》(JT 376) (以上适用内河船舶引航员) 4.《拖轮操作规程》(JT/T 300) 5.《引航员服装与标志》(JT/T 482) 6.《船用救生衣》(GB 4303)	
国家职业标准	有	
职业环境	室内、室外、高温、大风、能见度低、潮流、海浪	
职业所含工种	无	
国家职业资格	船舶引航员	
基本文化程度	大学	
职业对应教育专业目录	高校本科目录	081803K　航海技术
	高专高职目录	520401　航海技术
其他编码	《国家职业分类大典》:2-04-02-03	

职业资格信息

职业资格名称	船舶引航员
职业资格类型	行政许可类
对应职业	甲板部技术人员
等级设置	考试类:三级引航员、二级引航员、一级引航员 评审类:高级引航员、成绩优异的高级引航员
报名时间	交通运输部海事局每年发布
考试时间	交通运输部海事局每年发布
网上报名	交通运输部各直属海事局船员电子申报暨综合服务信息平台
继续教育	暂无

02　交通运输服务人员

02-01　城市轨道交通运输服务人员

02-01-01　城市轨道交通列车驾驶员

职业信息

职业编码	02-01-01
职业名称	城市轨道交通列车驾驶员
其他名称	城市轨道交通列车驾驶员、城市轨道电客车驾驶员等
职业定义	驾驶城市轨道交通机车，运输乘客的人员
职业工作内容	1. 接收、记录、传达行车指示、命令； 2. 列车出车前的整备检查，办理交接手续； 3. 驾驶列车驶入指定线路、位置，进行列车制动和电气性能调试； 4. 停车场内调车、洗车作业； 5. 操作报站系统进行人工广播； 6. 配合夜间施工管理及调试； 7. 对车辆、车载信号设备的操作检查、维修，应急处理运行途中的列车故障； 8. 填写台账、报告，办理交接班
主要职业工具	城市轨道交通电客车及配套设备 对讲机
主要职业技术	出退勤作业 列车整备作业 列车出入场作业 正线驾驶作业 车辆基地作业 行车命令执行作业 列车设备基本操作 正线配合调试作业 非正常情况下的行车作业 列车故障应急处置作业 列车故障救援作业 乘客应急疏散作业
主要职业 法律法规	无

续上表

主要职业标准规范	《城市轨道交通列车驾驶员技能和素质要求　第1部分：地铁、轻轨和单轨》(JT/T 1003.1)	
国家职业标准	无	
职业环境	密闭空间、噪声、隧道或高架轨道	
职业所含工种	无	
国家职业资格	无	
基本文化程度	中专	
职业对应教育专业目录	高校本科目录	
	高专高职目录	520301　城市轨道交通车辆 520302　城市轨道交通控制
	中专中职目录	080700　城市轨道交通运营管理 080800　城市轨道交通车辆运用与检修
	技工院校目录	0431　城市轨道交通运输与管理
其他编码	《国家职业分类大典》:4-02-01-01	

职业资格信息(无)

02-01-02　城市轨道交通调度员

职业信息

职业编码	02-01-02
职业名称	城市轨道交通调度员
其他名称	无
职业定义	从事轨道交通列车运行组织指挥工作的人员
职业工作内容	1. 负责日常行车组织、指挥工作,执行运营时刻表和列车运行图; 2. 指挥和协调行车、供电、环控等各岗位的运行; 3. 负责监控客流变化情况等系统运行状态,调集人力物力和调整列车运行,处理紧急事件; 4. 负责组织设备检修以及施工、工程车运输作业
主要职业工具	无线调度台 有线调度台 路网运营监控 环控系统 车站监视系统

续上表

<table>
<tr><td>主要职业工具</td><td colspan="2">线路控制层
防灾报警设备
调度命令系统
施工软件系统
计算机
通信设备</td></tr>
<tr><td>主要职业技术</td><td colspan="2">列车调度指挥
列车运行计划管理
调度命令发布
城市轨道交通施工检修管理
通信设备操作
应急处置(设备故障、治安消防、客流突变、反恐等)
行车事故处置(事故调查处理、责任判定和统计分析报告)
新线接入与试运营</td></tr>
<tr><td>主要职业法律法规</td><td colspan="2">无</td></tr>
<tr><td>主要职业标准规范</td><td colspan="2">《城市轨道交通行车调度员技能和素质要求　第1部分:地铁、轻轨和单轨》(JT/T 1004.1)</td></tr>
<tr><td>国家职业标准</td><td colspan="2">无</td></tr>
<tr><td>职业环境</td><td colspan="2">室内</td></tr>
<tr><td>职业所含工种</td><td colspan="2">无</td></tr>
<tr><td>国家职业资格</td><td colspan="2">无</td></tr>
<tr><td>基本文化程度</td><td colspan="2">大专</td></tr>
<tr><td rowspan="4">职业对应教育专业目录</td><td>高校本科目录</td><td>080802T　轨道交通信号与控制</td></tr>
<tr><td>高专高职目录</td><td>520302　城市轨道交通控制
520304　城市轨道交通运营管理</td></tr>
<tr><td>中专中职目录</td><td>080700　城市轨道交通运营管理
080900　城市轨道交通供电
081000　城市轨道交通信号</td></tr>
<tr><td>技工院校目录</td><td>0431　城市轨道交通运输与管理</td></tr>
<tr><td>其他编码</td><td colspan="2">《国家职业分类大典》:4-02-01-06</td></tr>
</table>

职业资格信息(无)

02-01-03　城市轨道交通服务员

职业信息

职业编码	02-01-03
职业名称	城市轨道交通服务员
其他名称	无
职业定义	从事城市轨道交通车站安全、行车、机电设备运行等工作的人员
职业工作内容	1. 从事车站运营组织工作; 2. 执行控制中心命令,监控列车运行; 3. 监控和操作车站信号、消防等设备; 4. 在车站监控设备调度权下放情况下办理行车组织; 5. 监控站内安全,处理各类突发事件
主要职业工具	车站线路设备(轨道、道岔) 车站信号设备(色灯信号机、广播设备) 车站通信系统 车站供电设备 车站机电设备 自动售检票机 自动售检票系统 半自动售检票机 车站空调系统 计算机 对讲机
主要职业技术	车站现金使用与管理 车站票务使用与管理(票务应急处理、票务台账) 车站客运服务技巧(高峰客流疏导) 车站施工(检修)管理 车站安全管理 突发事件应急处置
主要职业法律法规	无
主要职业标准规范	《城市轨道交通行车值班员技能和素质要求　第1部分:地铁、轻轨和单轨》(JT/T 1002.1)
国家职业标准	无
职业环境	车站监控室、站台
职业所含工种	城市轨道交通站务员、城市轨道交通行车值班员
国家职业资格	无
基本文化程度	中专

续上表

<table>
<tr><td rowspan="4">职业对应教育专业目录</td><td>高校本科目录</td><td>无</td></tr>
<tr><td>高专高职目录</td><td>520304　城市轨道交通运营管理</td></tr>
<tr><td>中专中职目录</td><td>080700　城市轨道交通运营管理
080900　城市轨道交通供电
081000　城市轨道交通信号</td></tr>
<tr><td>技工院校目录</td><td>0431　城市轨道交通运输与管理</td></tr>
<tr><td>其他编码</td><td colspan="2">《国家职业分类大典》:4-02-01-07</td></tr>
</table>

职业资格信息(无)

02-02　道路运输服务人员

02-02-01　道路客运汽车驾驶员

职业信息

职业编码	02-02-01
职业名称	道路客运汽车驾驶员
其他名称	道路旅客运输驾驶员
职业定义	驾驶客运机动车,运送乘客并提供服务的人员
职业工作内容	1. 驾驶客运机动车,按照指定路线或者指定目的地运送乘客; 2. 进行乘客上下车引导等服务; 3. 检查和维护客运机动车; 4. 报告故障、延误或者事故,处理运输突发事件; 5. 通过网约车软件、电话、计算机或受调度人员指派接受客运服务请求,在预定时间、地点接送乘客; 6. 操作车辆广播、空调、照明和通风系统; 7. 进行车辆运行途中的售票、检票工作,办理退票、结算业务; 8. 引导乘客就座并核对人数,为婴儿、孕妇、伤残乘客、老年乘客等提供适当的服务; 9. 为乘客提供适当的紧急医疗救护; 10. 出现紧急情况时,采取应急措施帮助乘客安全撤离; 11. 受理、交接、中转、装卸、发还乘客行李; 12. 检查乘客携带的禁运物品并协助处理; 13. 记录信息,如现金收入和票价、行车日志等; 14. 保持车辆清洁卫生

续上表

主要职业工具	客运机动车 车辆定位系统 公共广播(报站)系统 车载视频监控系统 手提灭火器 故障车警告标志 车载急救包 手持安检设备 轮椅附属设施 地图导航软件 智能手机 计价器
主要职业技术	机动车驾驶技术 机动车检查与维护技术 机动车故障识别与检修技术 乘客服务技术 紧急医疗救护技术 危险化学品识别及处置技术
主要职业法律法规	1.《行政许可法》 2.《道路交通安全法》 3.《公路法》 4.《安全生产法》 5.《刑法》 6.《劳动合同法》 7.《道路交通安全法实施条例》 8.《道路运输条例》 9.《危险化学品安全管理条例》 10.《道路交通安全违法行为处理程序规定》 11.《道路交通事故处理程序规定》 12.《机动车驾驶证申领和使用规定》 13.《道路运输从业人员管理规定》 14.《出租汽车驾驶员从业资格管理规定》 15.《道路运输车辆技术管理规定》 16.《道路旅客运输及客运站管理规定》 17.《出租汽车经营服务管理规定》

续上表

<table>
<tr><td>主要职业标准规范</td><td colspan="2">1.《机动车运行安全技术条件》(GB 7258)
2.《营运车辆综合性能要求和检验方法》(GB 18565)
3.《道路车辆外廓尺寸、轴荷及质量限值》(GB 1589)
4.《出租汽车运营服务规范》(GB/T 22485)
5.《汽车维护、检测、诊断技术规范》(GB/T 18344)
6.《营运客车类型划分及等级评定》(JT/T 325)
7.《道路运输车辆技术等级划分和评定要求》(JT/T 198)
8.《汽车客运站级别划分和建设要求》(JT/T 200)
9.《营运客车燃料消耗量限值及测量方法》(JT 711)
10.《出租汽车计价器检定规程》(JJG 517)</td></tr>
<tr><td>国家职业标准</td><td colspan="2">有</td></tr>
<tr><td>职业环境</td><td colspan="2">室外,随季节、地区变化接触低温和高温,因工作环境接触有毒、有害、危险品、粉尘、噪声</td></tr>
<tr><td>职业所含工种</td><td colspan="2">大中型客车驾驶员
公交车驾驶员
出租汽车驾驶员</td></tr>
<tr><td>国家职业资格</td><td colspan="2">经营性道路旅客运输驾驶员从业资格
出租汽车驾驶员从业资格
汽车驾驶员职业技能鉴定</td></tr>
<tr><td>基本文化程度</td><td colspan="2">初中</td></tr>
<tr><td rowspan="4">职业对应教育专业目录</td><td>高校本科目录</td><td>080207　车辆工程
080208　汽车服务工程</td></tr>
<tr><td>高专高职目录</td><td>520104　汽车运用技术
520116　新能源汽车技术</td></tr>
<tr><td>中专中职目录</td><td>082500　汽车运用与维修</td></tr>
<tr><td>技工院校目录</td><td>0401　汽车驾驶</td></tr>
<tr><td>其他编码</td><td colspan="2">《国家职业分类大典》:4-02-02-01</td></tr>
</table>

职业资格信息

职业资格名称	经营性道路旅客运输驾驶员从业资格 出租汽车驾驶员从业资格
职业资格类型	行政许可类
对应职业	道路客运汽车驾驶员
等级设置	无

续上表

报名时间	由各设区的市级道路运输管理机构确定,一般为实时报名约考
考试时间	由各设区的市级道路运输管理机构确定,一般为每月一次
网上报名	http://www.jtzyzg.org.cn/ksfwdt,以及各地道路运输管理机构自主开发运维的考试系统
继续教育	http://www.daoluyunshu.com,以及经地方道路运输管理机构备案的道路运输企业、继续教育机构
职业资格名称	汽车驾驶员职业技能鉴定
职业资格类型	水平评价类
对应职业	道路客运汽车驾驶员
等级设置	技师/高级/中级/初级
报名时间	由各地人力资源与社会保障部门确定
考试时间	由各地人力资源与社会保障部门确定
网上报名	暂无
继续教育	暂无

02-02-02　道路货运汽车驾驶员

职业信息

职业编码	02-02-02
职业名称	道路货运汽车驾驶员
其他名称	道路货物运输驾驶员
职业定义	驾驶货运机动车,运输货物并提供服务的人员
职业工作内容	1. 驾驶货运机动车,按照指定目的地运输货物; 2. 驾驶货运机动车,在称重站进行装载货物前后的称重,并做沿线载重记录; 3. 检查和维护货运机动车; 4. 报告故障或者事故,处理运输突发事件
主要职业工具	货运机动车 车辆定位系统 车载视频监控系统 手提灭火器 故障车警告标志 车载急救包 车辆定位系统 地图导航软件

续上表

主要职业技术	货运机动车驾驶技术 货运机动车检查与维护技术 机动车故障识别与检修技术 紧急医疗救护技术
主要职业法律法规	1.《行政许可法》 2.《道路交通安全法》 3.《公路法》 4.《安全生产法》 5.《刑法》 6.《劳动合同法》 7.《道路交通安全法实施条例》 8.《道路运输条例》 9.《道路交通安全违法行为处理程序规定》 10.《道路交通事故处理程序规定》 11.《机动车驾驶证申领和使用规定》 12.《道路货物运输及站场管理规定》 13.《道路运输从业人员管理规定》 14.《道路运输车辆技术管理规定》
主要职业标准规范	1.《机动车运行安全技术条件》(GB 7258) 2.《营运车辆综合性能要求和检验方法》(GB 18565) 3.《道路车辆外廓尺寸、轴荷及质量限值》(GB 1589) 4.《汽车维护、检测、诊断技术规范》(GB/T 18344) 5.《道路运输车辆技术等级划分和评定要求》(JT/T 198) 6.《汽车货物运输质量主要考核指标》(JT/T 619) 7.《汽车快件货物运输操作规程》(JT/T 620)
国家职业标准	有
职业环境	室外,随季节、地区变化接触低温和高温,因工作环境接触有毒、有害、危险品、粉尘、噪声
职业所含工种	货运汽车驾驶员 低速载货汽车驾驶员 超重型汽车列车驾驶员
国家职业资格	经营性道路旅客运输驾驶员从业资格 汽车驾驶员职业技能鉴定
职业技能鉴定	汽车驾驶员(初、中、高级、技师)
基本文化程度	初中

续上表

职业对应教育专业目录	高校本科目录	080207　车辆工程 080208　汽车服务工程
	高专高职目录	520104　汽车运用技术 520116　新能源汽车技术
	中专中职目录	082500　汽车运用与维修
	技工院校目录	0401　汽车驾驶
其他编码	《国家职业分类大典》:4-02-02-02	

职业资格信息

职业资格名称	经营性道路货物运输驾驶员从业资格
职业资格类型	行政许可类
对应职业	道路货运汽车驾驶员
等级设置	无
报名时间	由各设区的市级道路运输管理机构确定,一般为实时报名约考
考试时间	由各设区的市级道路运输管理机构确定,一般为每月一次
网上报名	http://www.jtzyzg.org.cn/ksfwdt,以及各地道路运输管理机构自主开发运维的考试系统
继续教育	http://www.daoluyunshu.com,以及经地方道路运输管理机构备案的道路运输企业、继续教育机构

职业资格名称	汽车驾驶员职业技能鉴定
职业资格类型	水平评价类
对应职业	道路货运汽车驾驶员
专业等级设置	技师/高级/中级/初级
报名时间	由各地人力资源与社会保障部门确定
考试时间	由各地人力资源与社会保障部门确定
网上报名	暂无
继续教育	暂无

02-02-03　道路客运服务员

职业信息

职业编码	02-02-03
职业名称	道路客运服务员
其他名称	道路旅客运输服务员
职业定义	从事道路客运售票、检票、退票等站务服务和为乘客提供在途乘客服务工作的人员
职业工作内容	1. 办理客运接车、问询、检票、小件行李寄存； 2. 进行车辆运行途中的售票、检票工作，办理退票、结算业务； 3. 为乘客提供车站广播、导乘服务和在途乘务服务，协助驾驶员处置意外事件； 4. 受理、交接、中转、装卸、发还旅客行李； 5. 检查旅客携带的禁运物品并协助处理； 6. 对行包的配载及装卸质量提出改进意见； 7. 引导乘客就座并核对人数，为婴儿、孕妇、伤残旅客、老年旅客等提供适当的服务； 8. 为乘客提供适当的紧急医疗救护； 9. 出现紧急情况时，采取应急措施帮助旅客安全撤离； 10. 保持车辆清洁卫生
主要职业工具	车辆定位系统 公共广播（报站）系统 车载视频监控系统 手提灭火器 故障车警告标志 车载急救包 手持安检设备 轮椅附属设施
主要职业技术	乘客服务技术 紧急医疗救护急救技术 危险化学品识别及处置技术
主要职业法律法规	1.《道路交通安全法》 2.《公路法》 3.《安全生产法》 4.《劳动合同法》 5.《道路交通安全法实施条例》 6.《道路运输条例》 7.《危险化学品安全管理条例》 8.《道路旅客运输及客运站管理规定》

续上表

主要职业标准规范	1.《营运客车类型划分及等级评定》(JT/T 325) 2.《道路运输车辆技术等级划分和评定要求》(JT/T 198) 3.《汽车客运站级别划分和建设要求》(JT/T 200)	
国家职业标准	无	
职业环境	室内外,随季节、地区变化接触低温和高温,因工作环境接触有毒、有害、危险品、粉尘、噪声	
职业所含工种	道路客运站务员 道路客运行包员 道路客运乘务员	
国家职业资格	汽车客运服务员职业技能鉴定	
基本文化程度	初中	
职业对应教育专业目录	高校本科目录	080208　汽车服务工程
	高专高职目录	520101　公路运输与管理
	中专中职目录	082900　公路运输管理
	技工院校目录	0402　交通客运服务
其他编码	《国家职业分类大典》:4-02-02-03	

职业资格信息

职业资格名称	汽车客运服务员职业技能鉴定
职业资格类型	水平评价类
对应职业	道路客运服务员
等级设置	高级/中级/初级
报名时间	由各地人力资源与社会保障部门确定
考试时间	由各地人力资源与社会保障部门确定
网上报名	暂无
继续教育	暂无

02-02-04　道路货运业务员

职业信息

职业编码	02-02-04
职业名称	道路货运业务员
其他名称	道路货物运输业务员
职业定义	从事道路货运站场管理和道路货物运输服务的人员

续上表

职业工作内容	1. 管理停车场、库场、称重等货运站场，租赁堆场、库房及设备； 2. 受理货运业务，填写、签发、查验营运单据； 3. 组织配载和装卸货物； 4. 编制货运计划，进行货运业务结算和核算； 5. 统计分析货运营运指标； 6. 进行货运站场安全保卫
主要职业工具	货架 统计软件 防火消防设备 机械磅秤 电子秤
主要职业技术	货运营运指标分析技术
主要职业法律法规	1.《道路交通安全法》 2.《安全生产法》 3.《劳动合同法》 4.《道路交通安全法实施条例》 5.《道路运输条例》 6.《道路运输车辆技术管理规定》 7.《道路货物运输及站场管理规定》
主要职业标准规范	1.《机动车运行安全技术条件》(GB 7258) 2.《营运车辆综合性能要求和检验方法》(GB 18565) 3.《道路车辆外廓尺寸、轴荷及质量限值》(GB 1589) 4.《汽车货物运输质量主要考核指标》(JT/T 619) 5.《汽车快件货物运输操作规程》(JT/T 620) 6.《道路运输车辆技术等级划分和评定要求》(JT/T 198)
国家职业标准	无
职业环境	室内外，随季节、地区变化接触低温和高温，因工作环境接触有毒、有害、粉尘、噪声
职业所含工种	道路货运站务员 货运业务信息员
国家职业资格	无
基本文化程度	初中

续上表

职业对应教育专业目录	高校本科目录	120601　物流管理 120602　物流工程
	高专高职目录	5 580411　汽车服务与管理
	中专中职目录	121900　物流服务与管理
	技工院校目录	0415　现代物流
其他编码	《国家职业分类大典》:4-02-02-04	

职业资格信息(无)

02-02-05　道路运输调度员

职业信息

职业编码	02-02-05
职业名称	道路运输调度员
职业定义	从事汽车客、货运输计划安排和组织实施的人员
职业工作内容	1. 编制客流图,编排运行计划; 2. 编制货流图,编排运行计划; 3. 协调督促运输计划的实施; 4. 根据客货流、运力、道路、装卸能力情况的变化,提出开辟、延伸运输路线和增减班次建议; 5. 整理分析业务资料,制订优化运输和优化调度方案
主要职业工具	车辆定位系统 地图导航软件
主要职业技术	运输方案优化技术
主要职业法律法规	1.《道路交通安全法》 2.《公路法》 3.《安全生产法》 4.《劳动合同法》 5.《道路交通安全法实施条例》 6.《道路运输条例》 7.《道路交通安全违法行为处理程序规定》 8.《道路交通事故处理程序规定》 9.《道路运输车辆技术管理规定》 10.《道路旅客运输及客运站管理规定》 11.《道路货物运输及站场管理规定》 12.《道路运输从业人员管理规定》

续上表

主要职业标准规范	1.《道路车辆外廓尺寸、轴荷及质量限值》(GB 1589) 2.《汽车货物运输质量主要考核指标》(JT/T 619) 3.《汽车快件货物运输操作规程》(JT/T 620) 4.《营运客车类型划分及等级评定》(JT/T 325) 5.《汽车客运站级别划分和建设要求》(JT/T 200) 6.《道路运输车辆技术等级划分和评定要求》(JT/T 198) 7.《营运客车燃料消耗量限值及测量方法》(JT 711)
国家职业标准	有
职业环境	室内外,常温
职业所含工种	道路客运调度员
	道路货运站场调度员
国家职业资格	道路运输调度员职业技能鉴定
基本文化程度	高专

职业对应教育专业目录	高校本科目录	120601　物流管理 120602　物流工程
	高专高职目录	580411　汽车服务与管理
	中专中职目录	121900　物流服务与管理
	技工院校目录	0415　现代物流
其他编码	《国家职业分类大典》:4-02-02-05	

职业资格信息

职业资格名称	道路运输调度员职业技能鉴定
职业资格类型	水平评价类
对应职业	道路运输调度员
等级设置	中级、高级、技师、高级技师
报名时间	由各地人力资源与社会保障部门确定
考试时间	由各地人力资源与社会保障部门确定
网上报名	暂无
继续教育	暂无

02-02-06　道路危险货物运输员

职业信息

职业编码	02-02-06
职业名称	道路危险货物运输员

续上表

其他名称	道路危险货物运输员
职业定义	从事易燃、易爆、剧毒、放射性物品等危险货物运输作业的人员
职业工作内容	1. 检查运输车辆安全技术状况； 2. 检查证件材料、危险货物运输标志等； 3. 使用运输车辆运输危险货物； 4. 根据道路运输的环境和装载条件，按照危险货物特性采取相应操作； 5. 根据运输危险货物特性，采取相应的运输事故防护和应急处置措施
主要职业工具	符合危险货物运输的相关罐式车辆 遮盖、捆扎、防潮、防火、防毒等工、属具 劳动防护用品 现场急救用具 灭火器
主要职业技术	危险货物分类 包装容器特性 防护要求和应急处置措施
主要职业法律法规	1.《行政许可法》 2.《道路交通安全法》 3.《公路法》 4.《安全生产法》 5.《刑法》 6.《劳动合同法》 7.《道路交通安全法实施条例》 8.《道路运输条例》 9.《危险化学品安全管理条例》 10.《道路交通安全违法行为处理程序规定》 11.《道路交通事故处理程序规定》 12.《机动车驾驶证申领和使用规定》 13.《道路运输从业人员管理规定》 14.《道路运输车辆技术管理规定》 15.《道路危险货物运输管理规定》 16.《放射性物品道路运输管理规定》 17.《危险货物道路运输安全管理办法》（制定中）
主要职业标准规范	1.《汽车运输危险货物规则》（JT 617） 2.《汽车运输、装卸危险货物作业规程》（JT 618） 3.《危险货物分类和品名编号》（GB 6944） 4.《放射性物质安全运输规程》（GB 11806） 5.《道路运输危险货物车辆标志》（GB 13392） 6.《道路运输液体危险货物罐式车辆》（GB 18564）

续上表

国家职业标准	无	
职业环境	室外,随季节、地区变化接触低温和高温,因工作环境接触有毒、有害、危险品、粉尘、噪声	
职业所含工种	道路危险货物运输驾驶员 放射性物品道路运输驾驶员 剧毒化学品道路运输驾驶员 爆炸品道路运输驾驶员	
国家职业资格	道路危险货物运输驾驶员从业资格 汽车驾驶员职业技能鉴定	
基本文化程度	初中	
职业对应教育专业目录	高校本科目录	080207　车辆工程 080208　汽车服务工程
	高专高职目录	520104　汽车运用技术 520116　新能源汽车技术
	中专中职目录	082500　汽车运用与维修
	技工院校目录	0401　汽车驾驶
其他编码	《国家职业分类大典》:4-02-05-04	

职业资格信息

职业资格名称	道路危险货物运输驾驶员从业资格
职业资格类型	行政许可类
对应职业	道路危险货物运输驾驶员
等级设置	无
报名时间	由各设区的市级交通运输主管部门确定,一般为实时报名约考
考试时间	由各设区的市级交通运输主管部门确定,一般为每季度一次
网上报名	http://www.jtzyzg.org.cn/ksfwdt,以及各地道路运输管理机构自主开发运维的考试系统
继续教育	无
职业资格名称	汽车驾驶员职业技能鉴定
职业资格类型	水平评价类
对应职业	道路危险货物运输驾驶员
专业等级设置	技师/高级/中级/初级

续上表

报名时间	由各地人力资源与社会保障部门确定
考试时间	由各地人力资源与社会保障部门确定
网上报名	暂无
继续教育	暂无

02-02-07　公路收费及监控员

职业信息

职业编码	02-02-07
职业名称	公路收费及监控员
其他名称	车辆通行费收费员、路况监控与信息采集发布员
职业定义	从事公路交通量统计、分析,高速公路通行收费及公路监控设备操作和维护以及路况信息采集与发布的人员
职业工作内容	1. 操作、维护和检修公路监控设备; 2. 组织实施常规交通情况等路况信息调查; 3. 计算、汇总常规交通情况等路况信息调查资料,绘制日交通量图表; 4. 按车辆类型确定收费标准及收费; 5. 填报有关报表,进行账务结算,预测和计算月、季、年征收的通行费; 6. 汇总、整理发布路况信息
主要职业工具	车道工控机 票据打印机 IC 卡读卡机 自动栏杆 费额显示器 车道摄像机 视频事件检测摄像机 闭路电视监控系统
主要职业技术	识别真假币、点钞 收费及道路通行状况监控 信息采集与发布(如交通量、气象、道路养护等信息) 数据统计分析 设备维护保养
主要职业法律法规法规	1.《劳动法》 2.《公路法》 3.《道路交通安全法》 4.《收费公路管理条例》

续上表

主要职业技术标准	无	
国家职业标准	有	
职业环境	室内、室外、昼夜,粉尘、噪声、汽车尾气	
职业所含工种	车辆通行费收费员	判定车型类别,操作收费系统,收缴公路通行费
	路况监控与信息采集发布员	操作录像设备抓拍目标图像,检测交通量参数、气象信息,采集道路养护信息,用信息板发布文字信息
国家职业资格	职业技能鉴定:公路收费与监控员(初、中、高级、技师)	
基本文化程度	高中毕业	
职业对应教育专业目录	高校本科目录	081801　交通运输 081802　交通工程
	高专高职目录	520101　公路运输与管理 520105　交通安全与智能控制
	中专中职目录	082900　公路运输管理
	技工技校目录	0414　高速公路收费与监控
其他编码	《国家职业分类大典》:4-02-02-06	

职业资格信息

职业资格名称	公路收费及监控员职业技能鉴定
职业资格类型	水平评价类
对应职业	公路收费及监控员
专业等级设置	技师/高级/中级/初级
报名时间	统一鉴定每年 2 月
考试时间	统一鉴定每年 6 月和 10 月
网上报名	http://www.jtzyzg.org.cn
继续教育	暂无

02-02-08　机动车驾驶教练员

职业信息

职业编码	02-02-08
职业名称	机动车驾驶教练员

续上表

其他名称	驾驶培训教练员、驾驶教练员、汽车教练员
职业定义	使用机动车车辆及辅助教学设备，为培训对象传授道路交通安全知识和安全驾驶技能的人员
职业工作内容	1. 使用多媒体教学设备、互动教学磁板等教学手段，进行理论教学活动； 2. 按照培训教学与考试大纲进行道路交通安全、基础驾驶操作规范和场地驾驶知识教学； 3. 使用机动车教学车辆、驾驶模拟器、教练场地、公共道路及交通设施，进行实际驾驶教学活动； 4. 进行安全文明驾驶意识和习惯培训
主要职业工具	教练车 多媒体教学软件 公开播放和投影设备 互动式汽车驾驶培训模拟器 车载仪 网络浏览器软件 移动手机
主要职业技术	驾驶技术 教学技术
主要职业法律法规	1.《道路交通安全法》 2.《道路交通安全法实施条例》 3.《道路运输条例》 4.《机动车驾驶员培训管理规定》 5.《交通安全违法行为处理程序规定》 6.《机动车驾驶证申领和使用规定》 7.《机动车登记规定》 8.《交通事故处理程序规定》 9.《道路运输从业人员管理规定》 10.《机动车驾驶培训机构资格条件》
主要职业标准规范	无
国家职业标准	有
职业环境	室内、室外，常温
国家职业资格	职业技能鉴定：机动车驾驶教练员（一级、二级、三级、四级）
基本文化程度	高中毕业

续上表

<table>
<tr><td rowspan="3">职业对应教育专业目录</td><td>高专高职目录</td><td>5804　汽车类</td></tr>
<tr><td>中专中职目录</td><td>051700　汽车制造与检修
051800　汽车电子技术应用
082500　汽车运用与维修
082600　汽车车身修复
082700　汽车美容与装潢
082800　汽车整车与配件营销</td></tr>
<tr><td>技工院校目录</td><td>0401　汽车驾驶
0403　汽车维修
0404　汽车电器维修
0405　汽车钣金与涂装
0406　汽车装饰与美容
0407　汽车检测
0408　汽车营销</td></tr>
<tr><td>其他编码</td><td colspan="2">《国家职业分类大典》:4-02-02-07</td></tr>
</table>

职业资格信息

职业资格名称	机动车驾驶教练员职业技能鉴定
职业资格类型	水平评价类
对应职业	机动车驾驶教练员
等级设置	国家职业资格一级、二级、三级、四级
报名时间	每年 3 ~6 月
考试时间	三、四级统一鉴定时间:每年 6 月、10 月 一、二级统一鉴定时间:每年 7 月
网上报名	http://www.jtzyzg.org.cn/zyjnjd/
继续教育	暂无

02-02-09　汽车租赁业务员

职业信息

职业编码	02-02-09
职业名称	汽车租赁业务员
其他名称	汽车租赁员
职业定义	从事汽车租赁手续办理并提供后续服务工作的人员

续上表

职业工作内容	1. 根据待租汽车的价值,确定押金和租金; 2. 审核、登记承租人资信证明或身份证明; 3. 收租押金和租金; 4. 开具租赁票据,交接租赁汽车及相关物品,提供租后服务; 5. 维护、保养、保管待租汽车及相关物品; 6. 填报租赁工作记录; 7. 进行客户档案登记、整理,建立、管理客户档案; 8. 防止已租汽车失控、租金拖欠等风险
主要职业工具	身份证识别仪 POS 机 车辆定位系统 汽车租赁电子商务系统 汽车租赁业务管理系统
主要职业技术	信用审核:识别各种证件真伪 收益管理:根据市场细分和预测动态调整租金标准 商务接待和客户服务技术 机动车驾驶技术 机动车检查与维护技术 机动车故障识别与检修技术
主要职业法律法规	1.《物权法》 2.《合同法》 3.《侵权责任法》 4.《劳动合同法》 5.《道路交通安全法》 6.《公路法》 7.《安全生产法》 8.《刑法》 9.《道路交通安全法实施条例》 10.《道路运输条例》 11.《道路交通安全违法行为处理程序规定》 12.《道路交通事故处理程序规定》 13.《地方汽车租赁管理办法》
主要职业标准规范	1.《汽车租赁服务规范》(GB/T 29911) 2.《汽车租赁员专业能力标准(试行)》 3.《机动车运行安全技术条件》(GB 7258) 4.《汽车维护、检测、诊断技术规范》(GB/T 18344)
国家职业标准	无
职业环境	室内外,随季节、地区变化接触低温和高温
职业所含工种	无

续上表

<table>
<tr><td>国家职业资格</td><td colspan="2">无</td></tr>
<tr><td>基本文化程度</td><td colspan="2">高中</td></tr>
<tr><td rowspan="4">职业对应教育专业目录</td><td>高校本科目录</td><td>080208　汽车服务工程</td></tr>
<tr><td>高专高职目录</td><td>520104　汽车运用技术
630702　汽车营销与服务</td></tr>
<tr><td>中专中职目录</td><td>082500　汽车运用与维修</td></tr>
<tr><td>技工院校目录</td><td>0408　汽车营销</td></tr>
<tr><td>其他编码</td><td colspan="2">《国家职业分类大典》:4-07-01-00</td></tr>
</table>

职业资格信息(无)

02-02-10　汽车维修工

职业信息

职业编码	02-02-10
职业名称	汽车维修工
其他名称	汽车修理工、汽车维修技师
职业定义	使用工、夹、量具和仪器仪表、检修设备,维护、修理和调试汽车及特种车辆的人员
职业工作内容	1. 安装调整工艺装备,准备维护修理工具; 2. 使用工、夹、量具和仪器仪表,进行汽车及特种车辆的发动机、底盘、车身、电气等总成(系统)及其零部件检查、调整、更换与修理、故障排除,对汽车外部、内饰及轮毂、轮胎等进行安装、装潢; 3. 维护汽车维修使用的工、夹、量具,仪器仪表及设备,排除使用过程中出现的故障; 4. 执行工艺规范,填写维修记录; 5. 清洁作业场地
主要职业工具	万用表 外径千分尺 内径千分尺 游标卡尺 量缸表 内径百分表 底盘测功机 汽缸压力表 燃油压力表 液压油压力表

续上表

主要职业工具	真空表 空调检漏设备 轮胎气压表 扭力扳手 尾气分析仪 烟度计 汽车前照灯检测设备 侧滑试验台 制动性能检验设备 废油收集设备 齿轮油加注设备 液压油加注设备 制动液更换加注器 脂类加注器 轮胎轮辋拆装设备 轮胎螺母拆装机 车轮动平衡机 四轮定位仪 制动鼓和制动盘维修设备 汽车空调冷媒回收净化加注设备 总成吊装设备或变速器等总成顶举设备 汽车举升设备 汽车故障电脑诊断仪 冷媒鉴别仪 蓄电池检查、充电设备 无损探伤设备 车身清洗设备 打磨抛光设备 除尘除垢设备 车身整形设备 车身校正设备 车架校正设备 悬架试验台 喷烤漆房及设备
主要职业技术	汽车故障诊断软件 汽车综合性能检测软件 车身测量软件

续上表

主要职业法律法规	1.《道路运输条例》 2.《道路货物运输及站场管理规定》 3.《道路旅客运输及客运站管理规定》 4.《机动车维修管理规定》 5.《大气污染防治法》 6.《合同法》 7.《消费者权益保护法》 8.《产品质量法》 9.《标准化法》 10.《计量法》 11.《行政许可法》 12.《劳动保护法》 13.《安全生产法》 14.《道路交通安全法》 15.《道路交通安全法实施条例》
主要职业标准规范	1.《汽车维修业开业条件》(GB/T 16739) 2.《汽车维修行业计算机管理信息系统技术规范》(JT/T 640) 3.《汽车综合性能检测站能力的通用要求》(GB/T 17993) 4.《汽车维护、检测、诊断技术规范》(GB/T 18344) 5.《汽车发动机电子控制系统修理技术要求》(GB/T 19910) 6.《汽车制动传动装置修理技术条件》(GB/T 18275) 7.《汽车大修竣工出厂技术条件》(GB/T 3798) 8.《商用汽车发动机大修竣工出厂技术条件》(GB/T 3799) 9.《大客车车身修理技术条件》(GB/T 5336) 10.《液化石油气汽车维护技术规范》(GB/T 27877) 11.《压缩天然气汽车维护技术规范》(GB/T 27876) 12.《营运车辆综合性能要求和检验方法》(GB 18565) 13.《机动车运行安全技术条件》(GB 7258) 14.《点燃式发动机汽车排气污染物排放限值及测量方法(双怠速法及简易工况法)》(GB 18285) 15.《车用压燃式发动机和压燃式发动机汽车排气烟度排放限值及测量方法》(GB 3847) 16.《道路运输车辆技术等级划分和评定要求》(JT/T 198)
国家职业标准	有
职业环境	室内、室外,常温
国家职业资格	汽车维修工
基本文化程度	中专

续上表

<table>
<tr><td>职业所含工种</td><td colspan="2">汽车检验工
汽车机械维修工
汽车电器维修工
汽车玻璃维修工
汽车美容装潢工
汽车车身整形修复工
汽车车身涂装修复工</td></tr>
<tr><td rowspan="3">职业对应教育专业目录</td><td>高校本科目录</td><td>080212T　汽车维修工程教育
080201　机械工程
080202　机械设计制造及其自动化
080207　车辆工程
080208　汽车服务工程</td></tr>
<tr><td>高专高职目录</td><td>520116　新能源汽车技术
580401　汽车制造与装配技术
580402　汽车检测与维修技术
580403　汽车电子技术
580404　汽车改装技术
580405　汽车技术服务与营销
580406　汽车整形技术
580407　汽车运用与维修
580408　摩托车制造与维修
580409　汽车营销与维修
580410　农业机械应用技术
580411　汽车服务与管理
580412　二手车鉴定与评估
580414　汽车定损与评估
580416　汽车造型技术
580418　汽摩零部件制造
580419　新能源汽车维修技术
580420　汽车试验技术
590230　汽车智能技术</td></tr>
<tr><td>中专中职目录</td><td>041800　工程机械运用与维修
051100　机械制造技术
051200　机械加工技术
051700　汽车制造与检修
051800　汽车电子技术应用
082500　汽车运用与维修
082600　汽车车身修复
082700　汽车美容与装潢
082800　汽车整车与配件营销</td></tr>
</table>

续上表

职业对应教育专业目录	技工院校目录	0126　汽车制造与装配 0403　汽车维修 0404　汽车电器维修 0405　汽车钣金与涂装 0406　汽车装饰与美容 0407　汽车检测 0408　汽车营销 0409　工程机械运用与维修 0112　机械设备维修 0116　机械设备装配与自动控制 0123　机电设备安装与维修
其他编码	《国家职业分类大典》:4-12-01-01	

职业资格信息

职业资格名称	汽车维修工职业技能鉴定
职业资格类型	水平评价类
对应职业	汽车维修工
等级设置	初级、中级、高级、技师、高级技师
报名时间	各职业技能鉴定机构确定
考试时间	各职业技能鉴定机构确定
网上报名	暂无
继续教育	暂无

02-02-11　摩托车修理工

职业信息

职业编码	02-02-11
职业名称	摩托车修理工
其他名称	摩托车维修工
职业定义	使用工、夹、量具和仪器仪表、检修设备,修理和摩托车电气及机械故障的人员
职业工作内容	1. 安装调整工艺装备,准备维护修理工具; 2. 使用工、夹、量具和仪器仪表,进行摩托车的发动机、底盘、车身、电气等总成(系统)及其零部件检查、调整、更换与修理、故障排除; 3. 维护维修使用的工、夹、量具,仪器仪表及设备,排除使用过程中出现的故障; 4. 执行工艺规范,填写维修记录; 5. 清洁作业场地

续上表

主要职业工具	轮胎拆装设备或专业工具 补台专用工具 充电设备 空气压缩机 砂轮机 钳工作业台 扭力扳手 厚薄规 万用表 手电钻 轮胎气压表 气缸压力表 外径千分尺 内径千分尺 游标卡尺 气门研磨设备或工具 台钻 举升作业平台 焊接设备 镗缸设备 磨缸设备 涂漆设备 排气分析仪
主要职业技术	无
主要职业法律法规	1.《道路运输条例》 2.《机动车维修管理规定》 3.《大气污染防治法》 4.《合同法》 5.《消费者权益保护法》 6.《产品质量法》 7.《标准化法》 8.《计量法》 9.《行政许可法》 10.《劳动保护法》 11.《安全生产法》 12.《道路交通安全法》 13.《道路交通安全法实施条例》

续上表

主要职业标准规范	1.《摩托车维修业开业条件》(GB/T 18189) 2.《摩托车轮胎性能试验方法》(GB/T 13203) 3.《汽车轮胎和摩托车轮胎滚动阻力试验方法 多点试验》(GB/T 18861) 4.《摩托车照明和光信号装置的安装规定第3部分:三轮摩托车》(GB 18100.3) 5.《摩托车和轻便摩托车后视镜的性能和安装要求》(GB 17352) 6.《摩托车和轻便摩托车排气污染物排放限值及测量方法(双怠速法)》(GB 14621) 7.《摩托车和轻便摩托车转向轮限位装置及最大转向角的技术要求和测定》(GB/T 24553) 8.《电动摩托车和电动轻便摩托车通用技术条件》(GB/T 24158) 9.《电动摩托车和电动轻便摩托车 动力性能 试验方法》(GB/T 24156) 10.《电动摩托车和电动轻便摩托车安全要求》(GB 24155) 11.《摩托车轮胎滚动周长试验方法》(GB/T 22628) 12.《轻便摩托车燃油消耗量限值及测量方法》(GB 16486) 13.《摩托车燃油消耗量限值及测量方法》(GB 15744) 14.《摩托车和轻便摩托车术语》(GB/T 5359) 15.《摩托车和轻便摩托车操纵装置的型式、位置及基本要求》(GB/T 15366) 16.《摩托车和轻便摩托车耐久性试验方法》(GB/T 4570) 17.《摩托车和轻便摩托车可靠性试验方法》(GB/T 5374) 18.《摩托车和轻便摩托车道路试验方法》(GB/T 5378) 19.《摩托车污染物排放限值及测量方法(工况法　中国第Ⅲ阶段)》(GB 14622) 20.《摩托车和轻便摩托车燃油蒸发污染物排放限值及测量方法》(GB 20998) 21.《轻便摩托车污染物排放限值及测量方法(工况法　中国第Ⅲ阶段)》(GB 18176) 22.《摩托车和轻便摩托车　制动性能要求及试验方法》(GB 20073) 23.《摩托车和轻便摩托车发动机　最大扭矩和最大净功率测量方法》(GB/T 20076) 24.《摩托车和轻便摩托车 定置噪声限值及测量方法》(GB 4569) 25.《摩托车和轻便摩托车排气烟度排放限值及测量方法》(GB 19758) 26.《摩托车和轻便摩托车　加速行驶噪声限值及测量方法》(GB 16169) 27.《摩托车和轻便摩托车燃油箱安全性能要求和试验方法》(GB 19482) 28.《轻便摩托车前照灯配光性能》(GB 19152) 29.《摩托车和轻便摩托车底盘测功机的设定 惯性滑行法》(GB/T 18954)
国家职业标准	有
职业环境	室内外,常温
国家职业资格	摩托车修理工
基本文化程度	高中
职业所含工种	无

续上表

<table>
<tr><td rowspan="4">职业对应教育专业目录</td><td>高校本科目录</td><td>080212T　汽车维修工程教育
080201　机械工程
080202　机械设计制造及其自动化
080207　车辆工程
080208　汽车服务工程</td></tr>
<tr><td>高专高职目录</td><td>520116　新能源汽车技术
580401　汽车制造与装配技术
580402　汽车检测与维修技术
580403　汽车电子技术
580404　汽车改装技术
580405　汽车技术服务与营销
580406　汽车整形技术
580407　汽车运用与维修
580408　摩托车制造与维修
580409　汽车营销与维修
580410　农业机械应用技术
580411　汽车服务与管理
580412　二手车鉴定与评估
580414　汽车定损与评估
580416　汽车造型技术
580418　汽摩零部件制造
580419　新能源汽车维修技术
580420　汽车试验技术
590230　汽车智能技术</td></tr>
<tr><td>中专中职目录</td><td>041800　工程机械运用与维修
051100　机械制造技术
051200　机械加工技术
051700　汽车制造与检修
051800　汽车电子技术应用
082500　汽车运用与维修
082600　汽车车身修复
082700　汽车美容与装潢
082800　汽车整车与配件营销</td></tr>
<tr><td>技工院校目录</td><td>0126　汽车制造与装配
0403　汽车维修
0404　汽车电器维修
0405　汽车钣金与涂装
0406　汽车装饰与美容
0407　汽车检测
0408　汽车营销</td></tr>
</table>

续上表

职业对应教育专业目录	技工院校目录	0409 工程机械运用与维修 0112 机械设备维修 0116 机械设备装配与自动控制 0123 机电设备安装与维修
其他编码	《国家职业分类大典》:4-12-01-02	

职业资格信息

职业资格名称	摩托车修理工国家职业职业资格
职业资格类型	水平评价类
对应职业	摩托车修理工
等级设置	初级、中级、高级、技师、高级技师
报名时间	各职业技能鉴定机构确定
考试时间	各职业技能鉴定机构确定
网上报名	暂无
继续教育	暂无

02-03 水上运输服务人员

02-03-01 客运船舶驾驶员

职业信息

职业编码	02-03-01
职业名称	客运船舶驾驶员
其他名称	无
职业定义	驾驶客船、滚装客船,运送乘客和车辆的人员
职业工作内容	1. 驾驶客船、滚装客船,运送乘客和车辆; 2. 停泊时控制客船、滚装客船; 3. 维护保养客船、滚装客船设备和设施; 4. 分析处理客船、滚装客船故障; 5. 进行客船、滚装客船安全营运、安全管理和污染防治工作
主要职业工具	客船

续上表

主要职业技术	水文气象观测 船舶操纵 甲板设备及助航器使用、保养、维护 船用文件填写 污染预防
主要职业法律法规	1.《排污费征收使用管理条例》 2.《防治船舶污染海洋环境管理条例》 3.《危险化学品安全管理条例》 4.《海商法》 5.《水法》 6.《海上交通事故调查处理条例》 7.《港口法》 8.《大气污染防治法》 9.《行政处罚法》 10.《港口间海上旅客运输赔偿责任限额规定》 11.《测量标志保护条例》 12.《河道管理条例》 13.《安全生产法》 14.《环境噪声污染防治法》 15.《船员条例》 16.《船舶和海上设施检验条例》 17.《航标条例》 18.《消防法》 19.《生产安全事故报告和调查处理条例》 20.《无线电管理条例》 21.《内河交通安全管理条例》
主要职业标准规范	1.《轮机日志和车钟记录簿》(GB 18436) 2.《危险货物品名表》(GB 12268) 3.《危险货物分类和品名编号》(GB 6944) 4.《化学品分类和危险性公示　通则》(GB 13690) 5.《中国海区水上助航标志》(GB 4696) 6.《内河助航标志》(GB 5863) 7.《内河交通安全标志》(GB 13851) 8.《船舶修造和拆解单位防污染设施设备配备及操作要求》(JT/T 787) 9.《港口溢油应急设备配备要求》(JT/T 451) 10.《中国海区可航行水域桥梁助航标志》(GB 24418) 11.《船员健康检查要求》(GB 30035)
国家职业标准	有
职业环境	船上

续上表

职业所含工种	无	
国家职业资格	有	
基本文化程度	初中	
职业对应教育专业目录	高校本科目录	081803K　航海技术
	高专高职目录	520401　航海技术
	中专中职目录	081100　船舶驾驶
	技工院校目录	0146-4　船舶驾驶
其他编码	《国家职业分类大典》:4-02-03-01	

职业资格信息

职业资格名称	客运船舶驾驶员
职业资格类型	技能鉴定类
对应职业	客运船舶驾驶员
等级设置	初级、中级、高级、技师、高级技师
报名时间	暂无
考试时间	暂无
网上报名	各省人事考试机构
继续教育	暂无

02-03-02　船舶业务员

职业信息

职业编码	02-03-02
职业名称	船舶业务员
其他名称	无
职业定义	从事船舶运输经营、运输管理、客货运服务、运输支持保障和辅助性业务工作的人员
职业工作内容	1. 提供水上货物运输和旅客运输服务; 2. 签订有关协议、接受订舱、商定和收取运费、签发提单及其他相关运输单证; 3. 协调船舶进出港和中转运输,办理货物装卸、保管交接,安排旅客上下船舶; 4. 协调集装箱装卸、堆存、清洗、熏蒸、检疫、修理、检验、交接、签发,办理集装箱拆箱、拼箱业务等;

续上表

职业工作内容	5. 办理船舶进出港的申请、船员登岸及遣返、转递船员邮件,安排船员医治疾病,联系海上救助等; 6. 管理船舶机务、海务,检查保养船舶; 7. 招聘、培训和管理船员,买卖、租赁船舶,管理船舶资产
主要职业工具	计算机 移动电话 对讲机
主要职业技术	当地方言、普通话、英语口语 办公软件和网络软件 物流信息技术 国际贸易实务 船舶货运 国际货运代理业务 远洋运输业务 港口装卸工艺 港口管理 物流经济地理 集装箱运输业务 港航商务管理 船舶配积载设计
主要职业法律法规	1.《港口法》 2.《行政许可法》 3.《安全生产法》 4.《环境保护法》 5.《海洋环境保护法》 6.《港口经营管理规定》 7.《港口经营管理规定》 8.《港口大型机械防阵风防台风管理规定》 9.《港口装卸机械管理规定》 10.《码头靠泊能力核查相关规定》 11.《港口道路交通管理办法》 12.《航道管理条例》 13.《船舶引航管理规定》 14.《安全生产许可证条例》 15.《防止船舶污染海域管理条例》 16.《港口消防监督管理办法》 17.《危险化学品安全管理条例》 18.《港口危险货物管理规定》 19.《港口设施保安规则》 20.《港口建设费征收使用管理办法》

<table>
<tr><td>主要职业
法律法规</td><td colspan="2">21.《港口建设费征收办法实施细则》
22.《港口收费规则(内贸部分)》
23.《港口收费规则(外贸部分)》
24.《内河航道养护费征收和使用办法》
25.《港口统计规则》
26.《海商法》</td></tr>
<tr><td>主要职业
标准规范</td><td colspan="2">无</td></tr>
<tr><td>国家职业标准</td><td colspan="2">有</td></tr>
<tr><td>职业环境</td><td colspan="2">港口码头</td></tr>
<tr><td rowspan="2">职业所含工种</td><td colspan="2">船舶客运员</td></tr>
<tr><td colspan="2">船舶货运员</td></tr>
<tr><td>国家职业资格</td><td colspan="2">有</td></tr>
<tr><td>基本文化程度</td><td colspan="2">大专</td></tr>
<tr><td rowspan="4">职业对应教育
专业目录</td><td>高校本科目录</td><td>081801　交通运输
020401　国际经济与贸易
020402　贸易经济 120408T 海事管理</td></tr>
<tr><td>高专高职目录</td><td>520402　水运管理
520403　国际航运业务管理
520404　海事管理
520601　港口业务管理
520603　集装箱运输管理
520605　报关与国际货运
520606　港口与航运管理
620303　国际经济与贸易
620304　国际贸易实务</td></tr>
<tr><td>中专中职目录</td><td>无</td></tr>
<tr><td>技工院校目录</td><td>0420-4　水运业务</td></tr>
<tr><td>其他编码</td><td colspan="2">《国家职业分类大典》:4-02-03-02</td></tr>
</table>

职业资格信息

职业资格名称	船舶业务员
职业资格类型	技能鉴定类
对应职业	船舶业务员
等级设置	初级、中级、高级、技师、高级技师

续上表

报名时间	暂无
考试时间	暂无
网上报名	各省人事考试机构
继续教育	暂无

02-03-03　港口客运员

职业信息

职业编码	02-03-03
职业名称	港口客运员
其他名称	无
职业定义	为进、出港口旅客提供客、货运输服务的人员
职业工作内容	1. 检查船票； 2. 辨别、处理旅客携带危险品，识别禁运品、行李包装标志及目测自带行李的超标情况； 3. 填写报表、单证、单据，计算运费，记录和处理溢、缺、残、损货物及货物差错； 4. 处理旅客运输中发生的争议和事故； 5. 处理逾期、无主、错运、错发、丢失的行李
主要职业工具	检票设备（打孔钳等） 对讲机 计算器
主要职业技术	旅客组织引导 客票检查 公交安全防范
主要职业法律法规	1.《港口法》 2.《港口经营管理规定》 3.《国内水路运输管理规定》 4.《安全生产法》 5.《环境保护法》 6.《海洋环境保护法》 7.《安全生产许可证条例》 8.《防止船舶污染海域管理条例》 9.《港口消防监督管理办法》 10.《危险化学品安全管理条例》 11.《港口危险货物管理规定》 12.《港口设施保安规则》

续上表

主要职业标准规范	《水路客运服务质量要求》(GB/T 16890)	
国家职业标准	有	
职业环境	港口客运站	
职业所含工种	港口客服员	
	港口行李员	
国家职业资格	有	
基本文化程度	初中	
职业对应教育专业目录	高校本科目录	
	高专高职目录	650102　客运站务管理
	中专中职目录	
	技工院校目录	0402-4　交通客运服务
其他编码	《国家职业分类大典》:4-02-03-03	

职业资格信息

职业资格名称	港口客运员
职业资格类型	技能鉴定类
对应职业	港口客运员
等级设置	初级、中级、高级、技师、高级技师
报名时间	暂无
考试时间	暂无
网上报名	各省人事考试机构
继续教育	暂无

02-03-04　水路危险货物运输员

职业信息

职业编码	02-03-04
职业名称	水路危险货物运输员
其他名称	危险货物装卸工,危险品仓库保管员、危险货物运输机械驾驶员
职业定义	港口从事易燃、易爆、剧毒、放射性物品等危险货物装卸、申报、验证、检查、装卸、运输、储存、拆装箱作业的人员

续上表

职业工作内容	1. 检查危险货物运输工具和库区的安全装置、工具； 2. 检查证件材料、危险货物运输标志灯； 3. 进行船舶或库区的危险货物装卸； 4. 使用交通工具，运输危险货物； 5. 检查危险货物运输和移动过程中的装载情况； 6. 根据交通运输的环境和装载条件，按照危险货物的特性采取相应操作； 7. 进行危险货物运输事故的防护和应急处理
主要职业工具	符合危险货物运输的相关罐式车辆 对讲机 叉车 拖车 正面吊运机 履带吊 钢丝扣 专用仪器 遮盖、捆扎、防潮、防火、防毒等工、属具 劳动防护用品 现场急救用具 专用撑杆 灭火器
主要职业技术	危险货物分类 危险货物特性 包装容器特性 装卸知识 防护要求 安全及事故应急处置
主要职业法律法规	1.《行政许可法》 2.《安全生产法》 3.《港口法》 4.《消防法》 5.《港口危险货物安全管理规定》 6.《放射性物品运输安全管理条例》 7.《危险化学品安全管理条例》 8.《港口危险货物重大危险源监督管理办法》 9.《企业安全生产责任体系五落实五到位规定》 10.《港口经营管理规定》 11.《民用爆炸物品安全管理条例 》 12.《烟花爆竹安全管理条例》 13.《生产安全事故报告和调查处理条例》

续上表

<table>
<tr><td>主要职业
法律法规</td><td colspan="2">14.《交通运输突发事件应急管理规定》
15.《企业安全生产应急管理九条规定》
16.《港口设施保安规则》
17.《特种设备安全法》
18.《生产经营单位安全培训规定》</td></tr>
<tr><td>主要职业
标准规范</td><td colspan="2">1.《散装液体化工产品港口装卸技术要求》（GB/T 15626）
2.《油船油码头安全作业规程》（GB 18434）
3.《汽车运输、装卸危险货物作业规程》（JT 618）
4.《放射性物质安全运输规程》（GB 11806）
5.《道路运输危险货物车辆标志》（GB 13392）
6.《海运危险货物集装箱安全技术要求》（JT 672）
7.《危险货物集装箱港口作业安全规程》（JT 379）
8.《危险化学品重大危险源辨识》（GB 18218）</td></tr>
<tr><td>国家职业标准</td><td colspan="2">无</td></tr>
<tr><td>职业环境</td><td colspan="2">室内、站立、户外、噪声、有毒、高温、辐射、高空</td></tr>
<tr><td>职业所含工种</td><td colspan="2">装卸管理人员
申报人员
集装箱装箱现场检查员</td></tr>
<tr><td>国家职业资格</td><td colspan="2">水路危险货物运输作业员</td></tr>
<tr><td>基本文化程度</td><td colspan="2">中专</td></tr>
<tr><td rowspan="4">职业对应教育
专业目录</td><td>高校本科目录</td><td>081801　交通运输
081802　交通工程
120601　物流管理
120408T　海事管理</td></tr>
<tr><td>高专高职目录</td><td>520404　海事管理
520402　水运管理
520601　港口业务管理
520603　集装箱运输管理
520606　港口与航运管理
520608　港口物流管理</td></tr>
<tr><td>中专中职目录</td><td>081600　外轮理货
082000　水路运输管理
121900　物流服务与管理</td></tr>
<tr><td>技工院校目录</td><td>0415　现代物流
0420　水运业务</td></tr>
<tr><td>其他编码</td><td colspan="2">《国家职业分类大典》:4-02-05-04</td></tr>
</table>

职业资格信息

职业资格名称	危险货物水路运输从业资格证书
职业资格类型	行政许可
对应职业	道路危险货物运输员
等级设置	暂无
报名时间	暂无
考试时间	暂无
网上报名	暂无
继续教育	暂无

02-03-05　水上救生员

职业信息

职业编码	02-03-05
职业名称	水上救生员
其他名称	无
职业定义	使用专业搜寻、救助、抢险等设备和器材，进行水上人命救助及应急抢险作业的人员
职业工作内容	1. 实施海上和内陆水域水上遇险人员搜救和人命救生； 2. 实施水上突发事件应急处置； 3. 实施以保障海上交通运输安全为目的的水下探摸和潜水服务保障； 4. 管理、维护应急救助装备和潜水设备； 5. 开展水上安全知识培训和宣传教育； 6. 协助各级地方政府开展涉水应急救援行动
主要职业工具	水面救援无人艇 救援无人机 应急抢险车 自携式潜水装具 空气压缩机 汽油发电机 液压动力站 吊车起重机 水下切割机 水下探测仪 彩色图像声呐 磁力锚 电气焊设备

续上表

主要职业工具	信标探测仪 测深仪 防化服 水下无线通信设备 组合箱式减压舱 救助直升机 救援绞车 救生员个人装备 救生衣 快速脱离器 卫星电话 海事对讲机及头盔连接线 航空 GPS 及天线 照相机 摄影机 直升机救援担架 救生员下水装备 保暖毛毯 机载装备
主要职业技术	潜水技术 潜水设备管理技术 潜水装备操作技术 水下探测技术 海上医疗急救技术 绞车手工作 救生员工作 救生装备维修和保养
主要职业法律法规	1.《海上交通安全法》 2.《海洋环境保护法》 3.《潜水条例》 4.《中国民用航空法》 5.《小型航空器商业运输运营人运行合格审定规则》 6.《一般运行和飞行规则》 7.《交通运输部救助飞行队管理规定》
主要职业标准规范	1.《空气潜水减压技术要求》(GB/T 12521) 2.《甲板减压舱》(GB/T 16560) 3.《自给开路式压缩空气呼吸器》(GB/T 16556) 4.《潜水员供气量》(GB 18985)

续上表

主要职业标准规范	5.《潜水呼吸气体及检测方法》(GB 18435) 6.《产业潜水最大安全深度》(GB 12552) 7.《潜水员水下用电安全》(GB 16636) 8.《职业潜水员体格检查要求》(GB 20827) 9.《通风式潜水装具》(JT/T 205) 10.《607HY 型氦氧重装潜水装具》(JT/T 208) 11.《船用保温救生服》(JT/T 662)	
国家职业标准	《职业潜水员体格检查要求》(GB 20827)	
职业环境	室外、户外、水下、风浪、潮湿、低温、高压、封闭 噪声、高温、严寒、高空、甲板	
职业所含工种	无	
国家职业资格	无	
基本文化程度	中专及以上	
职业对应教育专业目录	高校本科目录	
	高专高职目录	520414　海上救捞技术 600302　救援技术
	中专中职目录	081900　工程潜水
	技工院校目录	
其他编码	《国家职业分类大典》:4-02-03-04	

职业资格信息

职业资格名称	水上救生员职业技能鉴定
职业资格类型	水平评价
对应职业	水上救助打捞工程技术人员
等级设置	暂无
报名时间	暂无
考试时间	暂无
网上报名	暂无
继续教育	暂无

02-03-06 航标工

职业信息

职业编码	02-03-06
职业名称	航标工
其他名称	无
职业定义	从事无线电航标、视觉航标设备操作的人员
职业工作内容	1. 操作无线电航标、视觉航标设备； 2. 检修保养无线电航标、视觉航标设备、设施； 3. 统计无线电航标、视觉航标设备维修养护工作情况； 4. 分析、处理无线电航标、视觉航标设备故障； 5. 进行无线电航标、视觉航标蓄电池的维护保养； 6. 填写无线电航标、视觉航标值班日志
主要职业工具	导测试仪 测厚仪 万用表 游标卡尺 海图 秒表 扳手 钳子 螺丝刀
主要职业技术	无线电航标管理 无线电航标建设 海图作业 无线电航标设备维护保养
主要职业 法律法规	1.《合同法》 2.《海上交通安全法》 3.《航标条例》 4.《航道管理条例》 5.《海区航标设置管理办法》 6.《沿海航标管理办法》 7.《中国海区水上助航标志》 8.《中国海区可航行水域桥梁助航标志》 9.《内河助航标志》 10.《航标术语》 11.《差分全球导航卫星系统(DGNSS)技术要求》 12.《船载自动识别系统(AIS)技术要求》

续上表

主要职业标准规范	1.《沿海航标维护质量管理体系导则》(JT/T 729) 2.《航标灯通用技术条件》(JT/T 761) 3.《航标灯光强测量和灯光射程计算》(JT/T 730) 4.《雷达指向标》(JT/T 74) 5.《沿海无线电指向标—差分全球定位系统播发标准》(JT 377) 6.《海区航标效能验收规范》(JT/T 759)
国家职业标准	有
职业环境	室外、风浪、高温、能见度低、潮流、海浪
职业所含工种	无
国家职业资格	无
基本文化程度	中专

职业对应教育专业目录	高校本科目录	081803K　航海技术
	高专高职目录	520401　航海技术
	中专中职目录	081500　船舶通信与导航
其他编码	《国家职业分类大典》:4-02-03-05	

职业资格信息

职业资格名称	航标工
职业资格类型	水平评价
对应职业	视觉航标工程技术人员
等级设置	初级、中级、高级、技师
报名时间	暂无
考试时间	暂无
网上报名	暂无
继续教育	暂无

02-04　交通运输综合服务人员

02-04-01　装卸搬运工

职业信息

职业编码	02-04-01
职业名称	装卸搬运工

续上表

其他名称	无
职业定义	使用工具、机具,进行车船货物装卸、堆垛、入库、出库等作业的人员
职业工作内容	1. 使用装卸搬运工具、机具,装卸、搬运货物; 2. 统计记录装卸货物数量和去向; 3. 维护保养装卸工具、机具和设施; 4. 维护工作场所安全和清洁卫生
主要职业工具	连续装卸机械 散货堆场及卸车机械 叉式装卸车、轮式装载机 集装箱装卸搬运车辆 轻型装卸搬运设备及堆垛机
主要职业技术	装卸机械使用和养护技术
主要职业法律法规	1.《港口法》 2.《安全生产法》 3.《特种设备安全法》 4.《建设工程安全生产管理条例》 5.《生产安全事故报告和调查处理条例》 6.《职业病防治法》 7.《工伤保险条例》 8.《劳动法》 9.《工伤认定办法》 10.《生产安全事故应急预案管理办法》 11.《港口装卸机械管理规定》 12.《安全生产许可证条例》 13.《危险化学品安全管理条例》 14.《港口危险货物管理规定》 15.《港口设施保安规则》 16.《道路交通安全法》 17.《道路交通安全法实施条例》 18.《道路运输条例》 19.《道路货物运输及站场管理规定》
主要职业标准规范	1.《港口装卸区域照明照度及测量方法》(JT/T 557) 2.《机械式冷藏集装箱 堆场技术管理要求》(GB/T 13145) 3.《散装液体化工产品港口装卸技术要求》(GB/T 15626) 4.《港口水泥装卸作业安全技术要求》(JT 461) 5.《港口货运斜坡缆车》(JT/T 567) 6.《港口货运斜坡缆车安全规程》(JT/T 568) 7.《汽车货物运输质量主要考核指标》(JT/T 619) 8.《汽车快件货物运输操作规程》(JT/T 620)

续上表

<table>
<tr><td>国家职业标准</td><td colspan="2">无</td></tr>
<tr><td>职业环境</td><td colspan="2">室外</td></tr>
<tr><td>职业所含工种</td><td colspan="2">无</td></tr>
<tr><td>国家职业资格</td><td colspan="2">有</td></tr>
<tr><td>基本文化程度</td><td colspan="2">初中</td></tr>
<tr><td rowspan="4">职业对应教育专业目录</td><td>高校本科目录</td><td>080209T　机械工艺技术
120601　物流管理
120602　物流工程</td></tr>
<tr><td>高专高职目录</td><td>520607　港口机械应用技术
580411　汽车服务与管理</td></tr>
<tr><td>中专中职目录</td><td>081800　港口机械运行与维护
121900　物流服务与管理</td></tr>
<tr><td>技工院校目录</td><td>0421-4,0421-3　港口机械操作与维护
0415　现代物流</td></tr>
<tr><td>其他编码</td><td colspan="2">《国家职业分类大典》:4-02-05-01</td></tr>
</table>

职业资格信息(无)

02-04-02　客运售票员

职业信息

职业编码	02-04-02
职业名称	客运售票员
其他名称	无
职业定义	从事客运票据服务的人员
职业工作内容	1. 发售旅客票据; 2. 办理退票、补票和团体票及中转业务; 3. 解答旅客购票询问,查询售票信息; 4. 填写售票记录、售票日报,办理售票结算业务; 5. 统计旅客流量、流向; 6. 维护、保管售票服务设施
主要职业工具	客运售票系统 公共广播(报站)系统
主要职业技术	客运售票系统操作与维护

续上表

<table>
<tr><td>主要职业
法律法规</td><td colspan="2">1.《港口法》
2.《港口经营管理规定》
3.《国内水路运输管理规定》
4.《安全生产法》
5.《港口消防监督管理办法》
6.《危险化学品安全管理条例》
7.《港口危险货物管理规定》
8.《港口设施保安规则》
9.《劳动法》
10.《合同法》
11.《劳动合同法》
12.《道路交通安全法》
13.《道路交通安全法实施条例》
14.《道路运输条例》
15.《道路旅客运输及客运站管理规定》</td></tr>
<tr><td>主要职业
标准规范</td><td colspan="2">1.《水路客运计算机售票票样及管理使用要求》(JT/T 405)
2.《交通行业职业技能要求　港口　第 23 部分　港口售票员》(JT/T 29.23)
3.《汽车客运站计算机售票管理信息系统规范》(JT/T 310)
4.《汽车客运站计算机售票票样及管理使用规定》(JT/T 319)
5.《汽车客运站计算机售票行包票样》(JT/T 418)
6.《道路旅客运输计算机移动售票票样及使用规定》(JT/T 498)
7.《道路客运联网售票系统　第 1 部分:服务接口规范》(JT/T 979.1)
8.《道路客运联网售票系统　第 2 部分:信息数据元》(JT/T 979.2)
9.《道路客运联网售票系统　第 3 部分:数据交换》(JT/T 979.3)</td></tr>
<tr><td>国家职业标准</td><td colspan="2">有</td></tr>
<tr><td>职业环境</td><td colspan="2">客运站</td></tr>
<tr><td rowspan="2">职业所含工种</td><td colspan="2">道路客运售票员</td></tr>
<tr><td colspan="2">港口售票员</td></tr>
<tr><td>国家职业资格</td><td colspan="2">无</td></tr>
<tr><td>基本文化程度</td><td colspan="2">初中</td></tr>
<tr><td rowspan="4">职业对应教育
专业目录</td><td>高校本科目录</td><td></td></tr>
<tr><td>高专高职目录</td><td>650102　客运站务管理</td></tr>
<tr><td>中专中职目录</td><td>无</td></tr>
<tr><td>技工院校目录</td><td>0402-4　交通客运服务</td></tr>
<tr><td>其他编码</td><td colspan="2">《国家职业分类大典》:4-02-05-02</td></tr>
</table>

职业资格信息(无)

02-04-03　运输代理服务员

职业信息

职业编码	02-04-03
职业名称	运输代理服务员
职业定义	从事道路客运与货运业务代理服务工作的人员
职业工作内容	1. 代办道路客运客源组织和道路货运货源组织； 2. 代办道路客运行李托运及交付手续； 3. 代办道路客运售票、检票、退票等工作； 4. 代办道路客运发车、费用结算等服务； 5. 接受货主委托办理货物托运及交付手续； 6. 接受货主委托办理货物托运费用结算
主要职业工具	客运售票软件 货运单据打印机
主要职业技术	无
主要职业法律法规	1.《道路交通安全法》 2.《公路法》 3.《安全生产法》 4.《劳动合同法》 5.《道路交通安全法实施条例》 6.《道路运输条例》
主要职业标准规范	1.《道路车辆外廓尺寸、轴荷及质量限值》(GB 1589) 2.《汽车货物运输质量主要考核指标》(JT/T 619) 3.《汽车快件货物运输操作规程》(JT/T 620) 4.《营运客车类型划分及等级评定》(JT/T 325) 5.《道路运输车辆技术等级划分和评定要求》(JT/T 198)
国家职业标准	无
职业环境	室内、常温
职业所含工种	道路客运代理服务员
	货运代办业务员
国家职业资格	无
基本文化程度	高专

续上表

职业对应教育专业目录	高校本科目录	120601　物流管理 120602　物流工程
	高专高职目录	580411　汽车服务与管理
	中专中职目录	121900　物流服务与管理
	技工院校目录	0415　现代物流
其他编码	《国家职业分类大典》:4-02-05-03	

职业资格信息(无)

02-04-04　理货员

职业信息

职业编码	02-04-04
职业名称	理货员
其他名称	无
职业定义	从事商品与货物的整理、拣选、配货、包装、复核、置唛和货物交接、验收、堆码、计量等工作的人员
职业工作内容	1. 核对货物品种、数量、规格、等级、型号和重量等; 2. 按照凭单拣选货物并进行复核; 3. 检验货物的包装、标志,进行出库待运货物的包装、拼装、改装或加固包装并填写装箱单; 4. 进行销售店面内商品标价、排面整理、展示与排列; 5. 在出库货物的外包装上设置收货人的标记; 6. 按货物的运输方式、流向和收货地点将出库货物分类整理、分单集中,填写货物启运单,通知运输部门提货发运; 7. 指导货物搬运整理、堆码,鉴定货运质量和记录货物残损; 8. 办理船舶水尺计量,易流态化固体散装货物取样、制样、送检、监装等; 9. 办理货物交接手续
主要职业工具	理货铅封 电子铅封 理货 PDA 手持终端机 对讲机 便携计算机 视频监控设备等 卷尺 红外线测距仪 衡器 数码相机 搬运机械

续上表

主要职业工具	取样探子或螺旋取样器 破碎机或粉碎机 研磨机 二分器 干燥箱 分样筛 样品容器 护用品及安全帽 平板推车 液压叉车 叉车 推高车 堆垛机 码垛机 机械磅秤 电子秤
主要职业技术	理货信息技术 理货统计 理货管理 理货英语
主要职业法律法规	1.《港口法》 2.《铁路法》 3.《航空法》 4.《邮政法》 5.《公路法》 6.《道路运输条例》 7.《国际海运条例》 8.《港口经营管理规定》 9.《港口货物作业规则》 10.《海关进出境运输工具舱单管理办法》 11.《水路运输易流态化固体散装货物安全管理规定》 12.《道路交通安全法》 13.《道路交通安全法实施条例》 14.《道路货物运输及站场管理规定》
主要职业标准规范	1.《进出境件杂货船舶理货业务规程》(JT/T 951) 2.《进出境件杂货船舶理货单证》(JT/T 950) 3.《汽车货物运输质量主要考核指标》(JT/T 619) 4.《汽车快件货物运输操作规程》(JT/T 620)

续上表

<table>
<tr><td>主要职业
标准规范</td><td colspan="2">5.《散装矿产品取样、制样通则 手工取样方法》(GB 2007.1)
6.《散装矿产品取样、制样通则 手工制样方法》(GB 2007.2)
7.《水路运输易流态化固体散装货物取样和监装操作指南(试行)》(厅水字〔2012〕32 号)
8.《理货业务操作规程》(中国外轮理货总公司)
9.《船舶理货规程》(中联理货有限公司)</td></tr>
<tr><td>国家职业标准</td><td colspan="2">无</td></tr>
<tr><td>职业环境</td><td colspan="2">封闭空间、甲板、码头、露天、堆场、久站、噪声、高温、寒冷、商场、超市、仓库、久坐</td></tr>
<tr><td>职业所含工种</td><td colspan="2">无</td></tr>
<tr><td>国家职业资格</td><td colspan="2">理货员</td></tr>
<tr><td>基本文化程度</td><td colspan="2">中专</td></tr>
<tr><td rowspan="3">职业对应教育
专业目录</td><td>高校本科目录</td><td>081801　交通运输
120102　信息管理与信息系统
120601　物流管理
120602　物流工程
120801　电子商务
020306T　信用管理
120407T　交通管理
050201　英语</td></tr>
<tr><td>高专高职目录</td><td>520402　水运管理
520403　国际航运业务管理
520404　海事管理
520601　港口业务管理
520603　集装箱运输管理
520606　港口与航运管理
520608　港口物流管理
520101　公路运输与管理
520207　铁道运输经济
520525　航空物流
520703　管道运输管理
580411　汽车服务与管理</td></tr>
<tr><td>中专中职目录</td><td>081600　外轮理货
082000　水路运输管理
081100　船舶驾驶
080100　铁道运输管理
082900　公路运输管理
082300　航空服务
090100　计算机应用
090900　客户信息服务</td></tr>
</table>

续上表

职业对应教育专业目录	中专中职目录	121100　电子商务 121900　物流服务与管理
	技工院校目录	0415　现代物流
其他编码	《国家职业分类大典》4-02-06-02	

职业资格信息

职业资格名称	理货员
职业资格类型	水平评价
对应职业	暂无
等级设置	初级、中级
报名时间	暂无
考试时间	暂无
网上报名	暂无
继续教育	暂无

02-04-05　物流服务师

职业信息

职业编码	02-04-05
职业名称	物流服务师
其他名称	无
职业定义	在生产、流通和服务领域中，从事物品采购、货运代理、物流信息服务，并组织进行仓储运输、配送包装、装卸搬运、流通加工等工作的人员
职业工作内容	1. 确定采购方式，编制采购计划与预算，选择、管理供应商，实施采购操作并制订采购风险应对措施； 2. 处理物品仓储入库、在库、出库等业务，缮制仓储单据，根据仓库货区布置，进行区域布局优化和作业流程优化； 3. 选择运输方式，并估算运输成本、计算运费、缮制仓储单据，优化运输方案； 4. 根据生活流程和厂区的地理特性进行生产物流布局，实施并监控生产物流流程； 5. 针对货物的国际运输的需求，缮制国际单证，处理订舱（或签订租约）、换单和货物交付业务，处理事故与争议； 6. 根据企业需求，规划、运用、维护物流管理信息系统，组织实施物流信息化方案可行性论证

续上表

主要职业工具	火车 汽车 轮船 飞机 叉车 拖车 集装箱 仓库 冷库 计算机 托盘 机械手 对讲机 打扫码设备 钢丝扣 专用仪器 遮盖、捆扎、防潮、防火、防毒等工、属具 劳动防护用品 现场急救用具 灭火器
主要职业技术	物流概述 物流运行系统 物流管理系统 物流装备与标准化 物品采购 仓储管理 配送管理 运输管理 生产物流管理 国际物运管理 物流信息管理 物流英语
主要职业法律法规	1.《统一提单若干法律规定的国际公约》 2.《海商法》 3.《合同法运输合同分章》 4.《海运条例及实施细则》 5.《招投标法》

续上表

主要职业标准规范	1.《物流从业人员职业能力要求　第 1 部分:仓储配送作业与作业管理》(WB/T 1005) 2.《物流从业人员职业能力要求　第 2 部分:运输　运输作业与作物流从业人员职业能力要求　第 2 部分:运输　运输作业与作业管理》 3.《商用车背车装载技术要求》(WB/T 1057) 4.《汽车零部件物流器具分类及编码》(WB/1058) 5.《餐饮冷链物流服务规范》(WB/T 1054) 6.《酒类商品物流信息追溯管理要求》(WB/T 1053)	
国家职业标准	无	
职业环境	室内外、噪声、有毒、高温、辐射、高空、风浪、能见度低、潮湿	
职业所含工种	无	
国家职业资格	无	
基本文化程度	初中	
职业对应教育专业目录	高校本科目录	120601　物流管理
	高专高职目录	620505　物流管理
	中专中职目录	0415　现代物流
	技工院校目录	物流管理、物流英语、第三方物流、供应链管理、物流成本控制技术运用、物流储运与配送管理、物流信息系统的使用和维护
其他编码	《国家职业分类大典》4-02-06-03	

职业资格信息

职业资格名称	物流服务师
职业资格类型	水平评价
对应职业	物流工程技术人员
等级设置	初级物流服务师、助理物流、物流师、高级物流师
报名时间	1 ~ 12 月
考试时间	1 ~ 12 月
网上报名	暂无
继续教育	暂无

03　交通运输建设施工及操作人员

03-01　城市轨道交通建设施工人员

03-01-01　城市轨道交通通信工

职业信息

职业编码	03-01-01
职业名称	城市轨道交通通信工
其他名称	无
职业定义	使用工具和设备,进行轨道交通通信工程施工和设备、设施维护的人员
职业工作内容	1. 检测、鉴定通信设备、线缆和器材质量; 2. 安装、调试、维护通信系统; 3. 敷设、接续、测试、维护通信光、电缆; 4. 安装、维护无线通信线路设施; 5. 检测、监控、配置、调整通信网络及设备; 6. 检测通信设备、设施性能质量和强度,排除隐患和故障; 7. 办理异常情况下的应急通信; 8. 维护保养通信专用工具、仪器、仪表
主要职业工具	通信专用工具、仪器、仪表 城市轨道交通通信系统 计算机 通信设备
主要职业技术	城市轨道交通通信系统运行与检修 安装测试通信光、电缆 安装、维护无线通信线路设施
主要职业法律法规	无
主要职业标准规范	无
国家职业标准	无
职业环境	车站、隧道、户外
职业所含工种	无
国家职业资格	无
基本文化程度	中专

续上表

<table>
<tr><td rowspan="4">职业对应教育专业目录</td><td>高校本科目录</td><td></td></tr>
<tr><td>高专高职目录</td><td>520304　城市轨道交通运营管理</td></tr>
<tr><td>中专中职目录</td><td>080700　城市轨道交通运营管理
080900　城市轨道交通供电
081000　城市轨道交通信号</td></tr>
<tr><td>技工院校目录</td><td>0431　城市轨道交通运输与管理
0432　城市轨道交通车辆运用与检修</td></tr>
<tr><td>其他编码</td><td colspan="2">《国家职业分类大典》6-29-03-09</td></tr>
</table>

职业资格信息(无)

03-01-02　城市轨道交通信号工

职业信息

<table>
<tr><td>职业编码</td><td>03-01-02</td></tr>
<tr><td>职业名称</td><td>城市轨道交通信号工</td></tr>
<tr><td>其他名称</td><td>无</td></tr>
<tr><td>职业定义</td><td>使用工具和设备,进行轨道交通信号工程施工和设备维护的人员</td></tr>
<tr><td>职业工作内容</td><td>1. 检测、鉴定信号设备和器材质量;
2. 敷设、接续、防护信号电缆,制作电缆成端;
3. 配线、焊接、安装和检测操作引入装置;
4. 安装、测试信号部件;
5. 安装、调试、维修电气集中、调度集中、调度指挥系统、列车运行控制系统、闭塞系统、道口信号、信号监测等设备和信号保护装置;
6. 安装、调试、维修轨道电路、转辙转换、信号机、信号电源等设备和机电信号、列车运行监控装置、列控车载系统等车载设备及驼峰信号设备;
7. 检测设备性能,分析处理设备故障</td></tr>
<tr><td>主要职业工具</td><td>信号检测设备
安装、测试信号工具
计算机
对讲机</td></tr>
<tr><td>主要职业技术</td><td>城市轨道交通信号系统
计算机
对讲机</td></tr>
<tr><td>主要职业法律法规</td><td>无</td></tr>
<tr><td>主要职业标准规范</td><td>无</td></tr>
</table>

续上表

国家职业标准	无	
职业环境	车站、隧道、户外	
职业所含工种	无	
国家职业资格	无	
基本文化程度	中专	
职业对应教育专业目录	高校本科目录	
	高专高职目录	
	中专中职目录	081000　城市轨道交通信号
	技工院校目录	0432　城市轨道交通车辆运用与检修
其他编码	《国家职业分类大典》:6-29-03-10	

职业资格信息(无)

03-02　公路和水运建设施工人员

03-02-01　筑路工

职业信息

职业编码	03-02-01
职业名称	筑路工
其他名称	筑路机械操作工、铺路工
职业定义	操作专业机械和设备,进行路基、路面、涵洞等施工的人员
职业工作内容	1. 操作专用机械,进行路基成型作业; 2. 操作稳定土拌和机,拌和稳定土; 3. 操作设备,抽压、泵送和装卸沥青; 4. 操作沥青路面设备和水泥混凝土路面设备,铺筑路面; 5. 操作顶进设备,进行管道或箱涵顶进作业; 6. 操作设备进行混凝土的拌和、运输、泵送、振捣和养生; 7. 使用工具和专用设备,进行公路交通安全设施施工; 8. 判断、识别通信、灯光信号,指挥道路施工
主要职业工具	沥青路面摊铺机 水泥混凝土摊铺机 压路机 挖掘机 平地机 稳定土拌和机 沥青混合料(水泥混凝土)拌和站

续上表

<table>
<tr><td>主要职业技术</td><td colspan="2">地基处理技术
路基施工技术
路面施工技术
涵洞施工技术
沥青、水泥混凝土摊铺技术
交通安全设施施工技术</td></tr>
<tr><td>主要职业
法律法规</td><td colspan="2">1.《劳动法》
2.《环境保护法》
3.《道路交通安全法》
4.《安全生产法》
5.《建设工程质量管理条例》</td></tr>
<tr><td>主要职业
技术标准</td><td colspan="2">1.《公路路面基层施工技术细则》(JTG/T F20)
2.《公路水泥混凝土路面施工技术规范》(JTG/T F30)
3.《公路水泥混凝土路面再生利用技术细则》(JTG/T F31)
4.《公路工程施工安全技术规范》(JTG F90)
5.《公路隧道交通工程与附属设施施工技术规范》(JTG/T F72)
6.《公路桥涵施工技术规范》(JTG/T F50)
7.《公路路基施工技术规范》(JTG F10)
8.《公路沥青路面施工技术规范》(JTG F40)
9.《公路沥青路面再生技术规范》(JTG F41)
10.《沙漠地区公路设计与施工指南》(JTG/T D31)
11.《公路软土地基路堤设计与施工技术细则》(JTG/T D31-02)
12.《采空区公路设计与施工技术细则》(JTG/T D31-03)
13.《多年冻土地区公路设计与施工技术细则》(JTG/T D31-04)</td></tr>
<tr><td>国家职业标准</td><td colspan="2">有</td></tr>
<tr><td>职业环境</td><td colspan="2">室外,部分高温、部分有害</td></tr>
<tr><td rowspan="6">职业所含工种</td><td>摊铺机操作工</td><td>驾驶沥青路面摊铺机和水泥混凝土摊铺机,按照施工规范和操作规程,实施路面摊铺施工作业</td></tr>
<tr><td>管涵顶进工</td><td>操作各种顶进设备,完成各种管道或方函的顶进施工</td></tr>
<tr><td>公路沥青操作工</td><td>操作公路沥青输送、储存、加工、加热设备,完成公路沥青的抽压、泵送和装卸工作</td></tr>
<tr><td>路基路面工</td><td>使用工具,按照操作规程,进行路基土、石方、软基施工和路面施工作业的人员</td></tr>
<tr><td>压路机操作工</td><td>驾驶压路机,实施路基、路面、场地压实作业</td></tr>
<tr><td>平地机操作工</td><td>驾驶平地机,按照施工规范和操作规程,实施平整、刮坡、开沟等施工作业</td></tr>
</table>

续上表

<table>
<tr><td rowspan="2">职业所含工种</td><td>公路交通安全设施工</td><td>从事公路标志的制作、喷涂、设置、维修及路面标线作业的人员</td></tr>
<tr><td>稳定土拌和设备操作工</td><td>操作路用稳定土拌和机，按照施工设计要求和质量标准，拌和不同类型稳定土的人员</td></tr>
<tr><td>国家职业资格</td><td colspan="2">公路重油沥青操作工（初级、中级、高级）
沥青混凝土摊铺机操作工（初级、中级、高级、技师）
压路机操作工（初级、中级、高级、技师）
水泥混凝土摊铺机操作工（初级、中级、高级、技师）
平地机操作工（初级、中级、高级、技师）</td></tr>
<tr><td>基本文化程度</td><td colspan="2">初中</td></tr>
<tr><td rowspan="4">职业对应教育专业目录</td><td>高校本科目录</td><td>081001　土木工程
081802　交通工程
081006T　道路桥梁与渡河工程</td></tr>
<tr><td>高专高职目录</td><td>600202　道路桥梁工程技术
600205　公路机械化施工技术
600206　公路机械运用技术</td></tr>
<tr><td>中专中职目录</td><td>041300　道路与桥梁工程施工</td></tr>
<tr><td>技工院校目录</td><td>0410　公路施工与养护
0413　筑路机械操作与维修</td></tr>
<tr><td>其他编码</td><td colspan="2">《国家职业分类大典》:6-29-02-03;O * NET:47-2071.00</td></tr>
</table>

职业资格信息

职业资格名称	公路沥青操作工职业技能鉴定
职业资格类型	水平评价
对应职业	筑路工
专业等级设置	高级/中级/初级
报名时间	1 ~ 12 月
考试时间	1 ~ 12 月
网上报名	暂无
继续教育	暂无

职业资格名称	沥青混凝土摊铺机操作工职业技能鉴定
职业资格类型	水平评价

续上表

对应职业	筑路工
专业等级设置	技师/高级/中级/初级
报名时间	1～12 月
考试时间	1～12 月
网上报名	暂无
继续教育	暂无
职业资格名称	压路机操作工职业技能鉴定
职业资格类型	水平评价
对应职业	筑路工
专业等级设置	技师/高级/中级/初级
报名时间	1～12 月
考试时间	1～12 月
网上报名	暂无
继续教育	暂无
职业资格名称	水泥混凝土摊铺机操作工职业技能鉴定
职业资格类型	水平评价
对应职业	筑路工
专业等级设置	技师/高级/中级/初级
报名时间	1～12 月
考试时间	1～12 月
网上报名	暂无
继续教育	暂无
职业资格名称	平地机操作工职业技能鉴定
职业资格类型	水平评价
对应职业	筑路工
专业等级设置	技师/高级/中级/初级
报名时间	1～12 月
考试时间	1～12 月
网上报名	暂无
继续教育	暂无

03-02-02　公路养护工

职业信息

职业编码	03-02-02
职业名称	公路养护工
其他名称	公路养护人员、养护工人、养路工、公路设备维修人员
职业定义	使用工具和设备，管理、维护公路、城市道路、桥梁、隧道和机场场道工程设施的人员
职业工作内容	1. 监测、巡视道路运行状况和质量、安全，进行道路维护、抢修、加固作业； 2. 监测、巡视桥梁运行状况和质量、安全，进行道路维护、抢修、加固作业； 3. 监测、巡视隧道运行状况和质量、安全，进行道路维护、抢修、加固作业； 4. 监测、巡视机场场道运行状况和质量、安全，进行道路维护、抢修、加固作业； 5. 操作机械设备，排除路障
主要职业工具	小型切割机 小型平地机 手持式风镐 铁锹 扫把 镐头
主要职业技术	路基养护技术 路面养护技术 桥梁养护技术 隧道养护技术 公路附属设施养护技术 公路绿化养护技术 公路机电养护技术
主要职业法律法规	1.《公路法》 2.《公路管理条例》 3.《公路安全保护条例》 4.《农村公路养护管理办法》
主要职业标准规范	1.《公路养护安全作业规程》(JTG H30) 2.《公路技术状况评定标准》(JTG H20) 3.《公路养护技术规范》(JTG H10) 4.《公路桥涵养护规范》(JTG H11) 5.《公路隧道养护技术规范》(JTG H12)
国家职业标准	有
职业环境	户外、噪声、有毒、有害、危险

续上表

职业所含工种	道路巡视养护工 桥梁巡视养护工 隧道巡视养护工 机场场道维修工	
国家职业资格	职业技能鉴定:公路养护工(初、中、高级、技师、高级技师)	
基本文化程度	初中	
对应专业目录	高专高职目录	520102　高等级公路维护与管理
	中专中职目录	083000　公路养护与管理
	技工院校目录	0410　公路施工与养护 0411　桥梁施工与养护
其他编码	《国家职业分类大典》:6-29-02-04	

职业资格信息

职业资格名称	公路养护工职业技能鉴定
职业资格类型	水平评价类
对应职业	公路养护工
专业等级设置	高级技师/技师/高级/中级/初级
报名时间	4~5月,8~9月
考试时间	6月18日,10月22日

03-02-03　桥隧工

职业信息

职业编码	03-02-03
职业名称	桥隧工
其他名称	桥梁工、隧道工
职业定义	操作工程专用机械、设备,进行桥梁和隧道工程新建、改建和维修施工的人员
职业工作内容	1. 操作工程专用机械、设备,进行桥梁工程施工、维修、养护和改建; 2. 操作工程专用机械、设备,进行隧道工程施工、维修和改建; 3. 操作大型桥梁施工专用起重、架设、搬运设备,进行桥梁施工; 4. 操作盾构机,进行隧道等设施开挖作业; 5. 操作混凝土浇捣、支撑等设备、机具,进行桥梁、隧道内衬施工; 6. 维修保养桥梁、隧道工程专用机械,处理故障; 7. 进行隧道内作业等安全防护工作

续上表

<table>
<tr><td>主要职业工具</td><td colspan="2">成孔设备
墩塔滑模等体系
架桥机
造桥机
挂篮
桥面吊机
预应力专用设备
跨篮吊机等悬索桥专用设备
模筑台车
凿岩台车
湿喷机
衬砌台车
盾构机(含 TBM)
多功能钻机
隧道通风设备
打桩船等水上施工设备等</td></tr>
<tr><td>主要职业技术</td><td colspan="2">梁、索、拱桥施工技术
隧道施工技术
桥隧施工安全技术</td></tr>
<tr><td>主要职业
法律法规</td><td colspan="2">1.《公路法》
2.《劳动法》
3.《劳动合同法》
4.《环境保护法》
5.《安全生产法》
6.《建设工程质量管理条例》</td></tr>
<tr><td>主要职业
标准规范</td><td colspan="2">1.《公路桥涵施工技术规范》(JTG/T F50)
2.《公路工程施工安全技术规范》(JTG F90)
3.《公路交通安全设施施工技术规范》(JTG F71)
4.《公路隧道施工技术规范》(JTG F60)
5.《公路隧道施工技术细则》(JTG/T F60)
6.《公路隧道交通工程与附属设施施工技术规范》(JTG/T F72)</td></tr>
<tr><td>国家职业标准</td><td colspan="2">无</td></tr>
<tr><td>职业环境</td><td colspan="2">室外,地下、水域</td></tr>
<tr><td rowspan="3">职业所含工种</td><td>桥梁工</td><td>操作工程专用机械、设备,进行桥梁工程新建、改建和维修施工的人员</td></tr>
<tr><td>隧道工</td><td>操作工程专用机械、设备,进行隧道工程新建、改建和维修施工的人员</td></tr>
<tr><td>盾构机操作工</td><td>操作盾构机进行隧道等设施开挖施工的人员</td></tr>
</table>

续上表

<table>
<tr><td>国家职业资格</td><td colspan="2">无</td></tr>
<tr><td>基本文化程度</td><td colspan="2">初中</td></tr>
<tr><td rowspan="4">职业对应教育专业目录</td><td>高校本科目录</td><td>081001　土木工程
081006T　道路桥梁与渡河工程</td></tr>
<tr><td>高专高职目录</td><td>600202　道路桥梁工程技术
600205　公路机械化施工技术</td></tr>
<tr><td>中专中职目录</td><td>041300　道路与桥梁工程施工</td></tr>
<tr><td>技工院校目录</td><td>0410　公路施工与养护
0411　桥梁施工与养护</td></tr>
<tr><td>其他编码</td><td colspan="2">《国家职业分类大典》:6-29-02-05</td></tr>
</table>

职业资格信息(无)

03-02-04　水运工程施工工

职业信息

职业编码	03-02-04
职业名称	水运工程施工工
其他名称	无
职业定义	使用工具、设备,进行港口、航道、通航建筑物、船厂水工建筑物等工程施工的人员
职业工作内容	1. 进行码头、防波堤、护岸、导助航设施、船闸、升船机、船坞、船台、滑道等工程的基础处理施工; 2. 进行码头、防波堤、护岸、导助航设施、船闸、升船机、船坞、船台、滑道等工程的主体工程施工; 3. 进行码头工程上部结构、附属设施和配套工程施工; 4. 进行航道整治等工程施工; 5. 进行码头、港池、航道、锚地的疏浚和吹填等工程施工
主要职业工具	潜水装具/潜水船 定位船/抛石船 吊索具/起重设备(船/机) 打桩船/吊索具 钢筋加工设备 混凝土制拌/振捣设备 木工/电气焊/机加工 测量仪器 试验仪器

续上表

主要职业技术	工程潜水 操作抛石设备(船、机) 操作起重设备(船、机) 操作打桩设备(船、机) 对钢筋进行除锈、调直、连接、切断、成型,安装钢筋骨架 模板结构搭建和模板施工 混凝土搅拌、浇注、养护及缺陷补修 工程测量 工程试验检测
主要职业法律法规	1.《合同法》 2.《港口法》 3.《航道法》 4.《环境保护法》 5.《海域使用管理法》 6.《海洋环境保护法》 7.《节约能源法》 8.《安全生产法》 9.《消防法》 10.《建设工程质量管理条例》
主要职业标准规范	1.《水运工程施工通则》(JTS 201) 2.《水运工程混凝土施工规范》(JTS 202) 3.《水运工程大体积混凝土温度裂缝控制技术规程》(JTS 202-1) 4.《港口水工建筑物修补加固技术规范》(JTS 311) 5.《水运工程爆破技术规范》(JTS 204) 6.《水运工程塑料排水板应用技术规程》(JTS 206-1) 7.《疏浚与吹填工程施工规范》(JTS 207) 8.《港口设备安装工程技术规范》(JTJ 280) 9.《真空预压加固软土地基技术规程》(JTS 147-2) 10.《船闸工程施工规范》(JTS 218)
国家职业标准	暂无
职业环境	室外、户外、噪声、有毒、高温、辐射、高空
职业所含工种	水上打桩工
	水上抛填工
	疏浚管线工
	航道养护工
国家职业资格	水运工程施工现场管理人员职业能力证书
基本文化程度	初中

续上表

职业对应教育专业目录	高校本科目	081103 港口航道与海岸工程
	高专高职目录	570205 港口航道与治河工程
		520604 港口工程技术
		520610 港口与航道工程技术
		540602 工程测量与监理
		560501 建筑工程管理
		560504 工程监理
		560507 建筑工程项目管理
		570201 水利工程
		570202 水利工程施工技术
	中专中职目录	040100 建筑工程施工
		040600 建筑设备安装
		041500 水利水电工程施工
		041600 工程测量
		081800 港口机械运行与维护
	技工院校目录	0419 港口与航道施工
		0421 港口机械操作与维护
其他编码	《国家职业分类大典》:6-29-02-09	

职业资格信息

职业资格名称	水运工程施工现场管理人员职业能力证书
职业资格类型	水平评价类
对应职业	水运工程施工工
等级设置	暂无
报名时间	暂无
考试时间	暂无
网上报名	暂无
继续教育	暂无

03-03　通用工程机械操作人员

03-03-01　起重装卸机械操作工

职业信息

职业编码	03-03-01
职业名称	起重装卸机械操作工
其他名称	起重装卸机械操作人员(司机)
职业定义	操作起重、装卸、吊运等机械设备,吊运、装卸物料的人员
职业工作内容	1. 检查、调整起重、装卸等机械设备,准备吊具; 2. 操作起重、装卸等机械设备,转移原材料、产品、工件等; 3. 操作叉车,装卸、位移物品和机械设备; 4. 操作装载机等专用散料装卸机械设备,装卸散状物品; 5. 操作塔式缆索等起重机械设备,移动构件或重物; 6. 操作流体输送设施、设备等,装卸石油等流体介质; 7. 操作港口专用装卸机械完成货物的装卸车、船工作等; 8. 维护保养工、夹、量具、吊具及吊运设备,排除使用过程中出现的一般故障
主要职业工具	对讲机 安全带 安全帽 所操作设备需用简易维修、保养工具
主要职业技术	安全防护 环境识别 设备检查 起重装卸机械工、夹、量具、吊具选用与安装更换 起重装卸机械操作 起重装卸机械维护保养 起重装卸机械简单故障排除
主要职业法律法规	1.《劳动合同法》 2.《安全生产法》 3.《消防法》 4.《道路交通安全法》 5.《特种设备安全法》 6.《环境保护法》 7.《港口法》 8.《海洋环境保护法》 9.《港口装卸机械管理规定》 10.《特种设备质量监督与安全监察规定》 11.《特种设备安全监察条例》 12.《起重机械安全管理规定》 13.《起重机械安全监察规定》

续上表

主要职业标准规范	1.《起重装卸机械操作工职业标准》 2.《电动港口装卸机械司机职业技能标准》 3.《内燃装卸机械司机国家职业技能标准》	
国家职业标准	有	
职业环境	室内、常温、久坐、户外、噪声、高空	
职业包含(但不限于)以下工种	履带吊司机	操纵履带驱动的各类装卸机械设备,完成货物装卸作业,从事辅助设备维修等作业的人员
	塔吊司机	操纵塔吊装卸机械设备,完成货物装卸作业,从事辅助设备维修等作业的人员
	汽车吊司机	操纵汽车吊各类装卸机械设备,完成货物装卸作业,从事辅助设备维修等作业的人员
	桥式吊车司机	从事操纵港口岸边集装箱装卸桥完成货物装卸作业,并对港口岸边集装箱装卸桥操作过程进行巡视、监护及从事辅助设备操作配合完成货物装卸作业的人员
	散料卸车机司机	操纵各类装卸机械设备,完成散料装卸作业,从事辅助设备维修等作业的人员
	堆取料机司机	操纵各类装卸机械设备,完成货物堆取装卸作业,从事辅助设备维修等作业的人员
	流体装卸操作工	在储罐码头从事原油、成品油和液体石油化工产品等液体货物的储存、装卸作业的操作人员
	翻车机工	操纵各类翻车装卸机械设备,完成货物堆取装卸作业,从事辅助设备维修等作业的人员
	船舶吊车司机	操纵各类船舶吊车装卸机械设备,完成货物堆取装卸作业,从事辅助设备维修等作业的人员
	叉车司机	操纵各类叉车装卸机械设备,完成货物堆取装卸作业,从事辅助设备维修等作业的人员
	堆垛车操作工	操纵各类堆垛车装卸机械设备,完成货物堆取装卸作业,从事辅助设备维修等作业的人员
	电动港机装卸机械司机	操纵电力驱动的各类装卸机械设备,完成货物装卸作业,从事辅助设备维修等作业的人员
	内燃港机装卸机械司机	操纵以内燃机为动力的各类装卸机械、短距离运输机械设备,完成货物装卸作业,从事辅助设备维修等作业的人员

续上表

<table>
<tr><td>国家职业资格</td><td colspan="2">1. 天车工、通用起重机、汽车起重机、桥式起重机、缆索起重机、塔式起重机、蒸汽起重机、叉车、装载机驾驶员操作证；
2. 流体输送设施、设备操作人员操作证；
3. 港口电动装卸机械[门座起重机、堆取料机、卸船机、装船机 装车机、卸车机、翻车机、集装箱岸边桥式吊车、集装箱场地轮胎式(轨道式)桥式吊车]操作证；
4. 港口内燃装卸机械(内燃机车、自卸式汽车,轮胎起重机、集装箱拖车、集装箱正面吊、集装箱跨运车、集装箱叉车)操作证</td></tr>
<tr><td>基本文化程度</td><td colspan="2">中专</td></tr>
<tr><td rowspan="15">职业对应教育专业目录</td><td rowspan="4">高校本科目录</td><td>080207　车辆工程</td></tr>
<tr><td>081801　交通运输</td></tr>
<tr><td>081802　交通工程</td></tr>
<tr><td>081504　油气储运工程</td></tr>
<tr><td rowspan="6">高专高职目录</td><td>600206　工程机械运用技术</td></tr>
<tr><td>600305　港口机械与自动控制</td></tr>
<tr><td>600306　港口电气技术</td></tr>
<tr><td>600313　集装箱运输管理</td></tr>
<tr><td>600501　管道工程技术</td></tr>
<tr><td>600502　管道运输管理</td></tr>
<tr><td rowspan="2">中专中职目录</td><td>041800　工程机械运用与维修</td></tr>
<tr><td>081800　港口机械运行与维护</td></tr>
<tr><td rowspan="3">技工院校目录</td><td>0401　汽车驾驶</td></tr>
<tr><td>0409　工程机械运用与维修</td></tr>
<tr><td>0421　港口机械操作与维护</td></tr>
<tr><td>其他编码</td><td colspan="2">《国家职业分类大典》:6-30-05-01</td></tr>
</table>

职业资格信息

职业资格名称	起重装卸机械操作工
职业资格类型	水平评价
对应职业	起重工
等级设置	初级、中级、高级、技师、高级技师
报名时间	暂无
考试时间	暂无
网上报名	暂无
继续教育	暂无

03-03-02　起重工

职业信息

职业编码	03-03-02
职业名称	起重工
其他名称	无
职业定义	使用工具、装置或指挥吊车，吊、移物体的人员。
职业工作内容	1. 根据物体质量、大小、形状及场地情况，分析计算起吊数据，选择机具、索具、搭设起重装置和转移物体方式； 2. 准备起重机具、索具、卡具，搭设、拆卸人字架、三脚架、脚手架等起重和防护装置； 3. 使用滑轮组、滑车、千斤顶、滚杠、枕木、撬棒等机具、工具和索具，转移物体； 4. 根据起重设备性能，选择起重方式，绑扎、挂钩，使用手势、旗语、哨音指挥起重设备转移物体； 5. 使用工具、索具，将物体捆扎固定在运输机械上； 6. 使用工具，拆装起重机臂杆
主要职业工具	滑轮组 滑车 千斤顶 滚杠 枕木 撬棒 吊具 索具 卡具 口笛 对讲机 卷扬机 桅杆起重机 门座式起重机 集装箱式起重机 液压顶升设备
主要职业技术	起重指挥技术 起重设备使用技术 起重计算 起重方案设计 起重施工管理 起重安全管理

续上表

主要职业法律法规	1.《港口法》 2.《安全生产法》 3.《特种设备安全法》 4.《建设工程安全生产管理条例》 5.《生产安全事故报告和调查处理条例》 6.《职业病防治法》 7.《工伤保险条例》 8.《劳动法》 9.《工伤认定办法》 10.《生产安全事故应急预案管理办法》 11.《港口大型机械防阵风防台风管理规定》 12.《港口装卸机械管理规定》 13.《安全生产许可证条例》 14.《危险化学品安全管理条例》 15.《港口危险货物管理规定》 16.《港口设施保安规则》
主要职业标准规范	1.《起重机械安全规程　第1部分:总则》(GB 6067.1) 2.《起重机械分类》(GB/T 20776) 3.《塔式起重机安全规程》(GB 5144) 4.《施工升降机安全规程》(GB 10055) 5.《起重机 钢丝绳 保养、维护、检验和报废(GB/T 5972) 6.《起重机械使用管理规则》(TSG Q5001) 7.《起重机械定期检验规则》(TSG Q7015) 8.《起重机械安装改造重大修理监督检验规则》(TSG Q7016) 9.《港口高塔柱式轨道起重机技术条件》(GB/T 16562) 10.《集装箱正面吊运起重机试验方法》(GB/T 16905) 11.《港口起重机　验收试验规则》(GB/T 18438) 12.《港口起重机　稳定性基本要求》(GB/T 18439) 13.《轨道式集装箱门式起重机》(GB/T 19683) 14.《港口固定起重机安全规程》(JT 421) 15.《港口轮胎起重机修理技术规范》(JT/T 474) 16.《港口台架式起重机安全规程》(JT/T 561) 17.《港口轮胎起重机安全规程》(JT/T 562) 18.《港口浮式起重机》(JT/T 563) 19.《港口缆车起重机》(JT/T 564) 20.《港口缆车起重机安全规程》(JT/T 565) 21.《轨道式集装箱门式起重机安全规程》(JT/T 566)
国家职业标准	有
职业环境	室内外,常温
职业所含工种	无

续上表

国家职业资格	有	
基本文化程度	初中	
职业对应教育专业目录	高校本科目录	080209T　机械工艺技术
	高专高职目录	580321　起重运输机械应用与维修 520607　港口机械应用技术
	中专中职目录	081800　港口机械运行与维护
	技工院校目录	0421-4,0421-3　港口机械操作与维护
其他编码	《国家职业分类大典》:6-30-05-02	

职业资格信息

职业资格名称	起重工
职业资格类型	技能鉴定类
对应职业	起重工
等级设置	初级、中级、高级、技师、高级技师
报名时间	暂无
考试时间	暂无
网上报名	各省人事考试机构
继续教育	暂无

03-03-03　输送机操作工

职业信息

职业编码	03-03-03
职业名称	输送机操作工
其他名称	无
职业定义	操作胶带、链式等带式运输机,运送散状物料的人员
职业工作内容	1. 操作胶带、钢缆胶带和链式、板式、刮板式、螺旋式输送机等设备,运送散状物料; 2. 检查运行情况,处理跑偏等故障,更换托辊、架辊、链板等; 3. 操作给料设备或使用手动装置,往运输机上放料; 4. 操作放料车、移动式皮带或使用分料板等手动装置,往料仓放料,掌握储料情况; 5. 操作小型除尘器、水泵等设备,除尘、排水; 6. 使用工具,黏结、铆接、卡接胶带; 7. 清扫落料,维护保养设备,处理故障

续上表

主要职业工具	链式输送机 板式输送机 刮板式输送机 螺旋式输送机 带式输送机 胶带 钢缆胶带 给料机 放料车 除尘器 水泵
主要职业技术	电钳工技术 机械制图技术 输送机操作技术 输送机维护及故障处理
主要职业法律法规	1.《港口法》 2.《安全生产法》 3.《特种设备安全法》 4.《建设工程安全生产管理条例》 5.《生产安全事故报告和调查处理条例》 6.《职业病防治法》 7.《工伤保险条例》 8.《劳动法》 9.《工伤认定办法》 10.《生产安全事故应急预案管理办法》 11.《港口装卸机械管理规定》 12.《安全生产许可证条例》 13.《危险化学品安全管理条例》 14.《港口危险货物管理规定》 15.《港口设施保安规则》
主要职业标准规范	1.《悬挂输送机安全规程》(GB 11341) 2.《带式输送机安全规范》(GB 14784) 3.《连续搬运机械术语》(GB/T 14521) 4.《连续搬运设备　带承载托辊的带式输送机 运行功率和张力的计算》(GB/T 17119) 5.《带式输送机　包装技术条件》(JB/T 2647)
国家职业标准	有
职业环境	室外
职业所含工种	无

续上表

国家职业资格	有	
基本文化程度	初中	
职业对应教育专业目录	高校本科目录	080209T　机械工艺技术
	高专高职目录	520607　港口机械应用技术
	中专中职目录	081800　港口机械运行与维护
	技工院校目录	0421-4,0421-3　港口机械操作与维护
其他编码	《国家职业分类大典》:6-30-05-03	

职业资格信息

职业资格名称	输送机操作工
职业资格类型	技能鉴定类
对应职业	输送机操作工
等级设置	初级、中级、高级、技师、高级技师
报名时间	暂无
考试时间	暂无
网上报名	各省人事考试机构
继续教育	暂无

03-04　运输设备操作及有关人员

03-04-01　船舶甲板设备操作工

职业信息

职业编码	03-04-01
职业名称	船舶甲板设备操作工
其他名称	无
职业定义	操作船舶甲板设备,进行船舶航行、停泊、货物作业,船体及设备维护保养的人员
职业工作内容	1. 编结和插接缆绳,进行船舶系、解缆作业; 2. 参与船舶航行,停泊值班及锚泊和编、解队; 3. 操作甲板机械设备,进行船舶甲板及工程作业; 4. 协助监督货物作业,绑扎与系固货物; 5. 进行压载水压载、排放,淡水添加和测量等; 6. 协助判断、排除助航仪器、电气及部分机械设备故障; 7. 维护保养船体、甲板机械设备,填写作业记录

续上表

主要职业工具	甲板设备 助航仪器和设备 木笔、铁笔等缆绳编插接工具 缆绳 索具 除锈工具 量水尺 润滑油加油枪
主要职业技术	航行 停泊 锚泊 货物照管 维护修理 船舶作业管理
主要职业法律法规	1.《海上交通安全法》 2.《船员条例》 3.《船员培训管理规则》 4.《海船船员适任考试和发证规则》 5.《内河船舶船员适任考试和发证规则》 6.《海上非自航船船舶员考试、发证管理办法》
主要职业标准规范	1.《甲板窗》(CB 279) 2.《船体甲板防滑条、防滑点》(CB* 3188) 3.《轮机船上安装工时定额　甲板机》(CB 1062.5) 4.《特辅机装配工时定额　甲板机械》(CB 1077.1) 5.《特辅机装配工时定额　甲板机械》(CB 1077.1) 6.《船舶轮机钳工修理工时定额甲板及机舱杂项》(CB 1087.5) 7.《水面舰船甲板、通道、舱室编号方法》(CB 1309) 8.《船用液压滑动式水密门》(GB/T 3007) 9.《甲板敷料》(CB/T 3361) 10.《海洋调查船实验室及调查作业甲板振动、噪声一般要求》(CB/T 3527) 11.《甲板机械一般要求》(CB/T 3877) 12.《甲板漏水口》(CB/T 3885) 13.《甲板室放水塞》(CB/T 3988) 14.《传话管路甲板填料函》(CB 408) 15.《船舶无甲板纵向下水强度》(CB/T 4153) 16.《潜水器和水下装置耐压结构制造技术条件》(CB/T 4191) 17.《船用甲板阀》(CB/T 4233) 18.《甲板机械涂装技术要求》(CB/T 4256) 19.《油舱甲板操纵装置》(CB 693) 20.《油舱甲板操纵装置》(CB 693)

续上表

<table>
<tr><td>主要职业
标准规范</td><td colspan="2">21.《甲板机械产品型号编写方法》(CBT 3341)
22.《甲板减压舱》(GB/T 16560)
23.《船舶与海上技术　船舶与海上结构物的排水系统　第 5 部分:甲板、货舱和泳池的排水》(GB/T 27888)
24.《造船及海上结构物　甲板机械　术语和符号》(GB/T 3893)
25.《甲板漆》(GB/T 9261)
26.《防滑甲板漆防滑性》(GB 9263)
27.《甲板机械用船用电动机通用技术条件》(JB/T 5794)
28.《甲板减压舱检修规程》(JT/T 40)
29.《船舶甲板机械系缆绞盘》(JT/T 467)</td></tr>
<tr><td>国家职业标准</td><td colspan="2">有</td></tr>
<tr><td>职业环境</td><td colspan="2">船舶舱室内外、高温</td></tr>
<tr><td rowspan="4">职业所含工种</td><td>船舶水手</td><td>操作船舶甲板机械设备,进行船舶航行、停泊、作业,船体及设备维护保养的人员</td></tr>
<tr><td>船舶木匠</td><td>负责木工及相关工作,操作船舶甲板机械设备,进行船舶航行、停泊、作业,船体及设备维护保养的人员</td></tr>
<tr><td>气垫船驾驶员</td><td>操作船舶甲板设备,进行气垫船(100 总吨以下海船、200 总吨以下内河船舶)航行、停泊、作业,船体及设备维护保养的人员</td></tr>
<tr><td>趸船水手</td><td>操作趸船机械设备,进行趸船停泊、作业,船体及设备维护保养的人员</td></tr>
<tr><td>国家职业资格</td><td colspan="2">船舶水手(初级技能、中级技能、高级技能、技师、高级技师)
船舶木匠(高级技能、技师)
气垫船驾驶员(初级技能、中级技能、高级技能、技师、高级技师)
趸船水手(初级技能、中级技能)</td></tr>
<tr><td>基本文化程度</td><td colspan="2">初中</td></tr>
<tr><td rowspan="4">职业对应教育
专业目录</td><td>高校本科目录</td><td>081803K　航海技术</td></tr>
<tr><td>高专高职目录</td><td>520401　航海技术</td></tr>
<tr><td>中专中职目录</td><td>081100　船舶驾驶
08130　船舶水手与机工</td></tr>
<tr><td>技工院校目录</td><td>0416-4　船舶驾驶</td></tr>
<tr><td>其他编码</td><td colspan="2">《国家职业分类大典》:6-30-04-01</td></tr>
</table>

职业资格信息

职业资格名称	船舶甲板设备操作工职业技能鉴定
职业资格类型	水平评价
对应职业	船舶甲板设备操作工
等级设置	初级技能、中级技能、高级技能、技师、高级技师
报名时间	1～12 月
考试时间	1～12 月
网上报名	交通运输部海事局船员电子申报暨综合服务信息平台
继续教育	暂无

03-04-02　船舶机舱设备操作工

职业信息

职业编码	03-04-02
职业名称	船舶机舱设备操作工
其他名称	无
职业定义	从事船舶机械和电子电气设备操作，进行船舶主机、辅机及附属装置、电子电气和通信等设备保养和维护的人员
职业工作内容	1. 操作和维修保养机舱和其他处所机械设备，船舶航行和停泊时值班； 2. 操作和维修保养船舶主机、辅机及附属装置、电子电气等轮机设备，负责主机设备运行，参加轮机值班； 3. 分析、判断、排除船舶机舱设备故障； 4. 改造升级船舶机舱设备操作系统，开展操作业务培训； 5. 维护和修理船舶电气、电子设备； 6. 填写主、辅机日志和值班记录
主要职业工具	轮机设备 车床 电焊机 氧气 乙炔切割设备 吊具 索具 液压工具 通用工具 专用工具 电工工具

续上表

<table>
<tr><td>主要职业技术</td><td colspan="2">轮机工程
维护和修理
船舶作业管理
电气
电子和控制工程
应急
职业安全
医护
求生</td></tr>
<tr><td>主要职业
法律法规</td><td colspan="2">1.《海上交通安全法》
2.《船员条例》
3.《船员培训管理规则》
4.《海船船员适任考试和发证规则》
5.《内河船舶船员适任考试和发证规则》
6.《海上非自航船船舶员考试、发证管理办法》
7.《内河船舶船员值班规则》
8.《内河交通管理条例》</td></tr>
<tr><td>主要职业
标准规范</td><td colspan="2">1.《船用液压滑动式水密门》(CB/T 3007)
2.《船用立式海水泵》(CB/T 3523)
3.《船用机舱集控台通用技术条件》(GB/T 11633)
4.《船舶机舱辅机振动烈度的测量和评价》(GB/T 16301)
5.《船舶与海上技术机舱易燃油料系统易燃油料泄漏预防》(GB/T 27892)
6.《海船机舱消防应急操作规程》(JT 195)
7.《海船机舱进水应急操作规程》(JT 196)
8.《船舶机舱舱底水、生活污水采样方法》(JT/T 409)</td></tr>
<tr><td>国家职业标准</td><td colspan="2">有</td></tr>
<tr><td>职业环境</td><td colspan="2">船舶舱室内外、高温、振动、噪声</td></tr>
<tr><td rowspan="4">职业所含工种</td><td>船舶机工</td><td>从事海船轮机值班和机电设备操作、保养和维护工作的支持级技能型船员</td></tr>
<tr><td>船舶加油工</td><td>从事内河船舶轮机值班和机电设备操作、保养和维护工作的支持级技能型船员</td></tr>
<tr><td>船舶轮机员</td><td>包含海船大管轮、二管轮、三管轮和内河轮机长、大管轮、轮机员在内的从事船舶轮机值班和机电设备操作、保养和维护工作的高级船员</td></tr>
<tr><td>船舶电子技工</td><td>从事船舶电气、电子和控制设备操作、保养和维护工作的支持级技能型船员</td></tr>
</table>

续上表

国家职业资格	无	
基本文化程度	初中	
职业对应教育专业目录	高校本科目录	081804K　轮机工程
	高专高职目录	520405　轮机工程技术 520412　船舶电气工程技术 520413　船舶电子电气技术
	中专中职目录	081200　轮机管理 08130　船舶水手与机工
	技工院校目录	0417-4　船舶轮机
其他编码	《国家职业分类大典》:6-30-04-02	

职业资格信息

职业资格名称	船舶机舱设备操作工职业技能鉴定
职业资格类型	水平评价
对应职业	船舶甲板设备操作工
等级设置	初级技能、中级技能、高级技能、技师、高级技师
报名时间	1～12 月
考试时间	1～12 月
网上报名	交通运输部海事局船员电子申报暨综合服务信息平台
继续教育	暂无

03-04-03　船闸及升船机运管员

职业信息

职业编码	03-04-03
职业名称	船闸及升船机运管员
其他名称	无
职业定义	从事船闸及升船机机电和附属设备操作、维护、修理,船闸及升船机水工建筑物观测、维护,船舶通过船闸或升船机调度指挥的人员

续上表

职业工作内容	1. 操作、巡检、保养船闸及升船机机电设备和附属设施； 2. 调度指挥和监护船舶安全通过船闸及升船机； 3. 分析、判断并排除船闸及升船机设备运行故障； 4. 进行船闸及升船机设备状态检测、调整维护、缺陷处理； 5. 进行船闸及升船机设备安全应急操作和船舶通航安全应急指挥； 6. 进行船闸及升船机设备设施维修和调试； 7. 填报船闸及升船机设备设施运行维护和船舶通航作业记录，参与整理设备设施修理及改造技术资料； 8. 进行船闸及升船机水工建筑物巡检、观测和维护
主要职业工具	船闸及升船机控制设备 船闸及升船机工业电视监控及广播指挥设备 通用机械、电气检修设备 船岸无线通信设备 PLC 编程器 船闸及升船机通航调度指挥系统设备 船闸及升船机船舶动态跟踪监视设备 水工建筑物安全监测设备 水工建筑物缺陷检查及检测设备 地形测量设备
主要职业技术	船闸及升船机运行管理软件 船闸及升船机设备设施检修 航道维护 船闸及升船通航水域交通流控制系统软件 船闸及升船机通航调度软件 水工建筑物安全监测 水工建筑物维护 航道地形测绘及水文观测
主要职业法律法规	1.《航道法》 2.《船闸管理办法》 3.《测绘法》 4.《水库大坝安全管理条例》 5.《防汛条例》
主要职业标准规范	1.《内河通航标准》(GB 50139) 2.《船闸检修技术规程》(JTS 320-3) 3.《混凝土坝安全监测技术规范》(DL/T 5178) 4.《混凝土坝安全监测资料整编规程》(DL/T 5209) 5.《土石坝安全监测技术规范》(SL 551) 6.《土石坝安全监测资料整编规程》(DL/T 5256) 7.《水运工程测量规范》(JTS 131) 8.《土石坝养护修理规程》(SL 210) 9.《混凝土坝养护修理规程》(SL 230)

续上表

<table>
<tr><td>国家职业标准</td><td colspan="2">有</td></tr>
<tr><td>职业环境</td><td colspan="2">室内、久坐、户外、噪声、废气、常温、高空、悬边</td></tr>
<tr><td rowspan="3">职业所含工种</td><td>船闸及升船机运行员</td><td>从事船闸和升船机机电设备及附属设施操作、巡检和安全监护的人员</td></tr>
<tr><td>船舶过闸及升船机调度员</td><td>从事通过船闸及升船机船舶的计划编制及执行、调度指挥和管理的人员</td></tr>
<tr><td>船闸及升船机水工员</td><td>从事船闸及升船机水工建筑物巡检、维护、安全监测的人员</td></tr>
<tr><td>国家职业资格</td><td colspan="2">无</td></tr>
<tr><td>基本文化程度</td><td colspan="2">大专</td></tr>
<tr><td rowspan="4">职业对应教育专业目录</td><td>高校本科目录</td><td>081801　交通运输
080601　电气工程及其自动化
080201　机械工程
080202　机械设计制造及其自动化
081201　测绘工程
081101　水利水电工程</td></tr>
<tr><td>高专高职目录</td><td>520402　水运管理
580202　电气自动化技术
580301　机电设备维修与管理
580312　电气设备应用与维护
540601　工程测量技术
520408　航道工程技术
540609　测绘工程技术
570201　水利工程
570202　水利工程施工技术
570203　水利水电建筑工程</td></tr>
<tr><td>中专中职目录</td><td>082000　水路运输管理
053000　电气运行与控制
053100　电气技术应用
051300　机电技术应用
041600　工程测量
041500　水利水电施工</td></tr>
<tr><td>技工院校目录</td><td>无</td></tr>
<tr><td>其他编码</td><td colspan="2">《国家职业分类大典》:6-30-04-03</td></tr>
</table>

职业资格信息

职业资格名称	船闸及升船机运管员
职业资格类型	水平评价
对应职业	暂无
等级设置	初级技能、中级技能、高级技能、技师、高级技师
报名时间	暂无
考试时间	暂无
网上报名	暂无
继续教育	暂无

03-04-04　潜水员

职业信息

职业编码	03-04-04
职业名称	潜水员
其他名称	无
职业定义	从事水下救助打捞、海洋工程、港口和桥梁工程等水下作业的人员
职业工作内容	1. 使用潜水装具装备并应用特定工具,进行水下救助打捞和海洋工程、港口工程、桥梁工程等水下高压作业; 2. 进行水下沉船沉物探摸、除泥、高压水清洗、寻人寻物、吊物、测量、法兰对接、水下无损检测和电视录像等作业; 3. 进行水底电缆铺设、水下管网维修、油气平台水下设施的维修等施工作业; 4. 进行水下工程特殊位置的电氧切割、电焊、拆除封补作业; 5. 进行水下爆破的扎药、布药、安全施爆、排除哑炮等作业; 6. 进行水下浮筒套装、穿引千斤、封舱堵漏和系龙须缆等作业; 7. 绘制水下被检部位草图,提出水下施工中作业技术难题的解决办法; 8. 进行水下工程应急抢险的处置
主要职业工具	自携式潜水装具 水面供气需供式潜水装具 通风式潜水装具
主要职业技术	使用潜水装具和潜水设备进行水面操作和水下作业技术 潜水装具和潜水设备维修及养护技术 应急和事故处理
主要职业法律法规	1.《劳动法》 2.《水污染防治法》 3.《海洋环境保护法》 4.《防治海洋工程建设项目污染损害海洋环境管理条例》 5.《潜水管理办法》

续上表

主要职业标准规范	1.《小型潜水排污泵选用及安装》(08S305) 2.《潜水员舷梯》(CB*3101) 3.《潜水器推进用交流电动机通用技术条件》(CB/T 1184) 4.《潜水器和水下装置耐压结构制造技术条件》(CB/T 4191) 5.《潜水装具用高压活塞空气压缩机》(CB/T 4193) 6.《潜水航行灯规范》(CB 518) 7.《潜水航行灯》(CB 518) 8.《潜水搅拌机》(CJ/T 109) 9.《潜水电磁流量计》(CJ/T 3017) 10.《潜水轴流泵》《CJ/T 3060》 11.《潜水排污泵》(CJ/T 472) 12.《带行星齿轮减速大型潜水贯流泵》(DB34/T 1245) 13.《潜水电泵产品质量评价技术规范》(DB37/T 2436) 14.《湿式潜水服》(DB44/T 1453) 15.《潜水旅游服务质量等级划分与评定》(DB46/T 135) 16.《水肺体验潜水服务要求》(DB46/T 171) 17.《粉碎式潜水抽排机》(DB51/T 1354) 18.《空气潜水减压技术要求》(GB/T 12521) 19.《产业潜水最大安全深度》(GB/T 12552) 20.《潜水电泵　试验方法》(GB/T 12785) 21.《潜水器与水下装置术语》(GB/T 13407) 22.《潜水员水下用电安全规程》(GB 16636) 23.《减压病加压治疗技术要求》(GB/T 17870) 24.《氮氧饱和或空气饱和 – 空气巡回潜水减压程序》(GB/T 17871) 25.《潜水呼吸气体及检测方法》(GB 18435) 26.《潜水表》(GB/T 18828) 27.《潜水员供气量》(GB 18985) 28.《体育场所开放条件与技术要求　第10部分:潜水场所》(GB 19079.10) 29.《潜水员高压射流作业安全规程》(GB 20826) 30.《职业潜水员体格检查要求》(GB 20827) 31.《200m氦氧饱和潜水作业要求》(GB 24555) 32.《200m氦氧饱和潜水作业应急措施》(GB/T 24556) 33.《职业潜水员心理选拔方法及评价》(GB/T 24557) 34.《污水污物潜水电泵》(GB/T 24674) 35.《小型潜水电泵》(GB/T 25409) 36.《空气潜水安全要求》(GB 26123) 37.《潜水曝气机》(GB/T 27872) 38.《井用潜水泵》(GB/T 2816) 39.《井用潜水异步电动机》(GB/T 2818) 40.《混合气潜水安全要求》(GB 28396) 41.《潜水器用钛合金板材》(GB/T 31910)

续上表

主要职业标准规范	42.《环境保护产品技术要求　潜水排污泵》(HJ/T 336) 43.《混流式、轴流式潜水电泵》(JB/T 10179) 44.《中小型轴流潜水电泵》(JB/T 10377) 45.《混流潜水电泵》(JB/T 10608) 46.《中大型高、低电压潜水泵电动机(机座号315~710)》(JB/T 10869) 47.《大中型潜水电泵》(JB/T 11916) 48.《潜水电泵　可靠性考核评定方法》(JB/T 11923) 49.《潜水钻孔机技术条件》(JG/T 39) 50.《潜水电动振冲器　技术条件》(JG/T 40) 51.《潜水电动振冲器性能试验方法》(JG/T 5036) 52.《潜水钻孔机试验方法》(JG/T 5042.2) 53.《潜水钻孔机》(JG/T 64) 54.《潜水电动振冲器》(JG/T 77) 55.《通风式潜水装具》(JT/T 205) 56.《6071HY型氦氧重装潜水装具》(JT/T 208) 57.《饱和潜水作业人员要求》(JT/T 741) 58.《200m氦氧饱和潜水气体配置要求》(JT/T 742) 59.《200m氦氧饱和潜水作业检查要求》(JT/T 743) 60.《200m氦氧饱和潜水减压病处置原则》(JT/T 744) 61.《无人遥控潜水器协同潜水作业要求》(JT/T 746) 62.《潜水医师专业培训与考核要求》(JT/T 908) 63.《潜水员潜水后飞行要求》(JT/T 909) 64.《潜水及水下作业入出水系统吊放装置》(JT/T 929) 65.《潜水监督培训与考核要求》(JT/T 958) 66.《潜水泵站技术规范》(SL 584)	
国家职业标准	无	
职业环境	室外、水下、低温、高气压、能见度差、水流、风浪	
职业所含工种	空气潜水员	使用潜水装具,呼吸压缩空气,进行60m以浅空气潜水作业的人员
	混合气潜水员	使用潜水装具,呼吸人工配置的混合气,进行120m以浅的潜水作业人员
	饱和潜水员	使用饱和潜水系统从事300m以浅的饱和潜水作业人员
国家职业资格	无	
基本文化程度	高中(或同等学力)	
职业对应教育专业目录	研究生目录	1009Z1　航海与潜水医学(解放军第二军医大学、四川大学)
	高校本科目录	081807T　救助与打捞工程
	高专高职目录	600311　水上救捞技术
	中专中职目录	081900　工程潜水
其他编码	《国家职业分类大典》:6-30-04-04	

职业资格信息(无)

附录A　中华人民共和国职业分类大典(交通运输)目录

大类	中类	小 类	职业编码	职 业 名 称
2 专业技术人员	2-02 工程技术人员	2-02-15 道路和水上运输工程技术人员	2-02-15-01	汽车运用工程技术人员
			2-02-15-02	船舶运用工程技术人员
			2-02-15-03	水上交通工程技术人员
			2-02-15-04	水上救助打捞工程技术人员
			2-02-15-05	船舶检验工程技术人员
			2-02-15-06	无线电航标操作与维护工程技术人员
			2-02-15-07	视觉航标工程技术人员
			2-02-15-08	道路交通工程技术人员
		2-02-18 建筑工程技术人员	2-02-18-09	道路与桥梁工程技术人员
			2-02-18-10	港口与航道工程技术人员
		2-02-30 管理(工业)工程技术人员	2-02-30-02	物流工程技术人员
			2-02-30-07	监理工程技术人员
			2-02-30-10	工程造价工程技术人员
	2-04 飞机和船舶技术人员	2-04-02 船舶指挥和引航人员	2-04-02-01	甲板部技术人员
			2-04-02-02	轮机部技术人员
			2-04-02-03	船舶引航员

续上表

大类	中类	小　类	职业编码	职　业　名　称
4 社会生产服务和生活服务人员	4-02　交通运输、仓储和邮政业服务人员	4-02-01　轨道交通运输服务人员	4-02-01-01	轨道列车驾驶员
			4-02-01-06	轨道交通调度员
			4-02-01-07	城市轨道交通服务员
		4-02-02　道路运输服务人员	4-02-02-01	道路客运汽车驾驶员
			4-02-02-02	道路货运汽车驾驶员
			4-02-02-03	道路客运服务员
			4-02-02-04	道路货运业务员
			4-02-02-05	道路运输调度员
			4-02-02-06	公路收费及监控员
			4-02-02-07	机动车驾驶教练员
		4-02-03　水上运输服务人员	4-02-03-01	客运船舶驾驶员
			4-02-03-02	船舶业务员
			4-02-03-03	港口客运员
			4-02-03-04	水上救生员
			4-02-03-05	航标工
		4-02-05　装卸搬运和运输代理服务人员	4-02-05-01	装卸搬运工
			4-02-05-02	客运售票员
			4-02-05-03	运输代理服务员
			4-02-05-04	危险货物运输作业员
		4-02-06　仓储人员	4-02-06-02	理货员
			4-02-06-03	物流服务师
	4-07　租赁和商务服务人员	4-07-01　租赁业务人员	4-07-01-00	租赁业务员
	4-12　修理及制作服务人员	4-12-01　汽车摩托车修理技术服务人员	4-12-01-01	汽车维修工

续上表

大类	中类	小 类	职业编码	职 业 名 称
6 生产制造及有关人员	6-29 建筑施工人员	6-29-02 土木工程建筑施工人员	6-29-02-03	筑路工
			6-29-02-04	公路养护工
			6-29-02-05	桥隧工
			6-29-02-09	水运工程施工工
		6-29-03 建筑安装施工人员	6-29-03-09	轨道交通通信工
			6-29-03-10	轨道交通信号工
	6-30 运输设备和通用工程机械操作人员及有关人员	6-30-04 水上运输设备操作及有关人员	6-30-04-01	船舶甲板设备操作工
			6-30-04-02	船舶机舱设备操作工
			6-30-04-03	船闸及升船机运管员
			6-30-04-04	潜水员
		6-30-05 通用工程机械操作人员	6-30-05-01	起重装卸机械操作工
			6-30-05-02	起重工
			6-30-05-03	输送机操作工

附录 B　交通运输专业教育编码表

B.1　普通高等学校本科专业目录(2012 年)(交通运输)

代码	名称
一、基本专业	
08	学科门类:工学
0802	机械类
080201	机械工程
080202	机械设计制造及其自动化
080203	材料成型及控制工程
080204	机械电子工程
080205	工业设计
080206	过程装备与控制工程
080207	车辆工程
080208	汽车服务工程
0803	仪器类
080301	测控技术与仪器
0805	能源动力类
080501	能源与动力工程
0806	电气类
080601	电气工程及其自动化
0810	土木类
081001	土木工程
081002	建筑环境与能源应用工程
081003	给排水科学与工程
081004	建筑电气与智能化
0818	交通运输类
081801	交通运输
081802	交通工程
081803K	航海技术
081804K	轮机工程
081805K	飞行技术
0828	建筑类
082801	建筑学
082802	城乡规划
082803	风景园林(注:可授工学或艺术学学士学位)
12	学科门类:管理学
1201	管理科学与工程类
120101	管理科学(注:可授管理学或理学学士学位)

120102 信息管理与信息系统(注:可授管理学或工学学士学位)
120103 工程管理(注:可授管理学或工学学士学位)
120104 房地产开发与管理
120105 工程造价(注:可授管理学或工学学士学位)
1206 物流管理与工程类
120601 物流管理
120602 物流工程(注:可授管理学或工学学士学位)
二、特设专业
0818 交通运输类
081806T 交通设备与控制工程
081807T 救助与打捞工程
081808TK 船舶电子电气工程
12 学科门类:管理学
1204 公共管理类
120406TK 海关管理
120407T 交通管理(注:可授管理学或工学学士学位)
120408T 海事管理
120409T 公共关系学
1206 物流管理与工程类
120603T 采购管理

B.2 高职高专教育指导性专业目录(2014年)(交通运输)

序号	专业名称	专业代码
52. 交通运输大类		
5201. 公路运输类		
92	公路运输与管理	520101
93	高等级公路维护与管理	520102
94	路政管理	520103
95	汽车运用技术	520104
96	交通安全与智能控制	520105
97	城市交通运输	520106
98	公路监理	520107
99	道路桥梁工程技术	520108
100	工程机械控制技术	520109
101	工程机械运用与维护	520110
102	工程机械技术服务与营销	520111
103	公路机械化施工技术	520112
104	公路工程管理	520113

序　　号	专 业 名 称	专业代码
105	公路工程造价管理	520114
106	公路工程检测技术	520115
107	新能源汽车技术	520116
108	交通运营管理	520117
109	道桥工程检测技术	520118
110	工程机械载运装备技术	520119
111	桥隧检测与加固工程技术	520120
112	交通运输安全管理技术	520121
5202. 铁道运输类		
113	高速铁道技术	520201
114	电气化铁道技术	520202
115	铁道车辆	520203
116	铁道机车车辆	520204
117	铁道通信信号	520205
118	铁道交通运营管理	520206
119	铁道运输经济	520207
120	铁道工程技术	520208
121	高速动车组检修技术	520210
122	高速动车组驾驶	520211
123	高速铁路工程及维护技术	520212
124	动车组技术	520213
125	国际工程施工技术	520216
126	高速动车组驾驶与维修	520218
127	高速铁路动车乘务	520219
128	高速铁路信号控制	520220
129	铁道信息技术与应用	520221
5203. 城市轨道运输类		
130	城市轨道交通车辆	520301
131	城市轨道交通控制	520302
132	城市轨道交通工程技术	520303
133	城市轨道交通运营管理	520304
5204. 水上运输类		
134	航海技术	520401
135	水运管理	520402
136	国际航运业务管理	520403
137	海事管理	520404
138	轮机工程技术	520405

序　　号	专 业 名 称	专业代码
139	船舶工程技术	520406
140	船舶检验	520407
141	航道工程技术	520408
142	船机制造与维修	520409
143	国际邮轮乘务	520410
144	船舶舾装	520411
145	船舶电气工程技术	520412
146	船舶电子电气技术	520413
147	海上救捞技术	520414
148	游艇设计与制造	520415
149	海洋工程技术	520416
150	游艇维修技术	520417
5206. 港口运输类		
180	港口业务管理	520601
181	港口物流设备与自动控制	520602
182	集装箱运输管理	520603
183	港口工程技术	520604
184	报关与国际货运	520605
185	港口与航运管理	520606
186	港口机械应用技术	520607
187	港口物流管理	520608
188	港口电气技术	520609
189	港口与航道工程技术	520610
5207. 管道运输类		
190	管道工程技术	520701
191	管道工程施工	520702
192	管道运输管理	520703
56. 土建大类		
5601. 建筑设计类		
366	建筑设计技术	560101
5603. 土建施工类		
377	建筑工程技术	560301
378	地下工程与隧道工程技术	560302
379	基础工程技术	560303
380	土木工程检测技术	560304
381	建筑钢结构工程技术	560305
382	混凝土构件工程技术	560306

序　号	专业名称	专业代码
383	光伏建筑一体化技术与应用	560307
384	盾构施工技术	560308
385	高尔夫球场建造与维护	560309
5604. 建筑设备类		
386	建筑设备工程技术	560401
387	供热通风与空调工程技术	560402
388	建筑电气工程技术	560403
389	楼宇智能化工程技术	560404
390	工业设备安装工程技术	560405
391	供热通风与卫生工程技术	560406
392	机电安装工程	560411
5605. 工程管理类		
393	建筑工程管理	560501
394	工程造价	560502
395	建筑经济管理	560503
396	工程监理	560504
397	电力工程管理	560505
398	工程质量监督与管理	560506
399	建筑工程项目管理	560507
400	建筑工程质量与安全技术管理	560508
401	建筑材料供应与管理	560509
402	国际工程造价	560510
403	建筑信息管理	560511
404	安装工程造价	560512
58. 制造大类		
5804. 汽车类		
529	汽车制造与装配技术	580401
530	汽车检测与维修技术	580402
531	汽车电子技术	580403
532	汽车改装技术	580404
533	汽车技术服务与营销	580405
534	汽车整形技术	580406
535	汽车运用与维修	580407
536	摩托车制造与维修	580408
537	汽车营销与维修	580409
538	农业机械应用技术	580410
539	汽车服务与管理	580411

序　　号	专 业 名 称	专业代码
540	二手车鉴定与评估	580412
541	汽车定损与评估	580414
542	汽车造型技术	580416
543	汽摩零部件制造	580418
544	新能源汽车维修技术	580419
545	汽车试验技术	580420
62. 财经大类		
6205. 工商管理类		
793	物流管理	620505
800	国际工程物流管理	620515

B.3　中等职业学校专业目录(2010 年)(交通运输)

04　土木水利类

040100　建筑工程施工
040200　建筑装饰
040300　古建筑修缮与仿建
040400　城镇建设
040500　工程造价
040600　建筑设备安装
040700　楼宇智能化设备安装与运行
040800　供热通风与空调施工运行
040900　建筑表现
041000　城市燃气输配与应用
041100　给排水工程施工与运行
041200　市政工程施工
041300　道路与桥梁工程施工
041400　铁道施工与养护
041500　水利水电工程施工
041600　工程测量
041700　土建工程检测
041800　工程机械运用与维修

08　交通运输类

080100　铁道运输管理
080200　电力机车运用与检修
080300　内燃机车运用与检修
080400　铁道车辆运用与检修
080500　电气化铁道供电

080600　铁道信号
080700　城市轨道交通运营管理
080800　城市轨道交通车辆运用与检修
080900　城市轨道交通供电
081000　城市轨道交通信号
081100　船舶驾驶
081200　轮机管理
081300　船舶水手与机工
081400　船舶电气技术
081500　船舶通信与导航
081600　外轮理货
081700　船舶检验
081800　港口机械运行与维护
081900　工程潜水
082000　水路运输管理
082100　民航运输
082200　飞机维修
082300　航空服务
082400　航空油料管理
082500　汽车运用与维修
082600　汽车车身修复
082700　汽车美容与装潢
082800　汽车整车与配件营销
082900　公路运输管理
083000　公路养护与管理

12　财经商贸类

121900　物流服务与管理

B.4　全国技工院校专业目录(2013 年)(交通运输)

04　交通类

0401　汽车驾驶
0402　交通客运服务
0403　汽车维修
0404　汽车电器维修
0405　汽车钣金与涂装
0406　汽车装饰与美容
0407　汽车检测
0408　汽车营销
0409　工程机械运用与维修
0410　公路施工与养护

0411　桥梁施工与养护
0412　公路工程测量
0413　筑路机械操作与维修
0414　高速公路收费与监控
0415　现代物流
0416　船舶驾驶
0417　船舶轮机
0418　船舶建造与维修
0419　港口与航道施工
0420　水运业务
0421　港口机械操作与维护
0422　邮轮乘务
0423　铁道运输管理
0424　电力机车运用与检修
0425　内燃机车运用与检修
0426　铁路工程测量
0427　铁路施工与养护
0428　电气化铁道供电
0429　铁道信号
0430　铁路客运服务
0431　城市轨道交通运输与管理
0432　城市轨道交通车辆运用与检修